JN068902

佐藤真久・北村友人・馬奈木俊介 編著

SDGs時代のESDと社会的レジリエンス

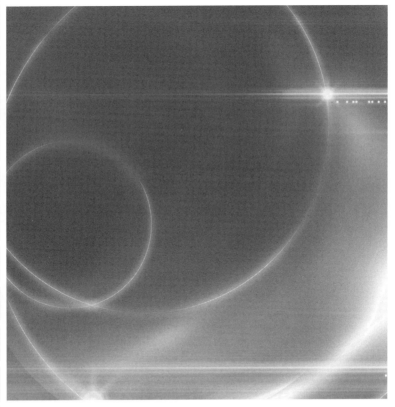

筑波書房

はじめに

　本書は、「ESDと社会的レジリエンス研究会」（研究会主宰：佐藤真久、北村友人、馬奈木俊介）による監修により、「SDGs時代のESDと社会的レジリエンス研究叢書」として、これまでの研究成果を発信するものである。本研究叢書を出版するに至った背景には、国連大学ESDプロジェクト『持続可能な開発のための教育（ESD）の推進を通じた社会的レジリエンスの強化』（研究代表者：北村友人、研究分担者：佐藤真久、馬奈木俊介）（2018年度～2020年度）における研究の蓄積がある。実際には、国連大学ESDプロジェクトによる研究成果の発信のみならず、本研究プロジェクトに関心を有する様々な分野・領域の研究者の研究成果の発信する場としても機能している。

　本研究叢書の研究母体となる「ESDと社会的レジリエンス研究会」では、3つの用語（SDGs時代、ESD、社会的レジリエンスの強化）を軸に議論が深められている。

・**「SDGs時代」**——SDGs（持続可能な開発目標、2016-2030）の時代背景については、(1)MDGs（ミレニアム開発目標、2001-2015）の時代と比較して、世界が直面する問題・課題が大きく変化していること、(2)VUCA（変動性、不確実性、複雑性、曖昧性）の時代への状況的対応が求められていることが挙げられる。また、SDGsの有する世界観については、(1)"地球の限界"（planetary boundaries）に配慮をしなければならないという「地球惑星的世界観」、(2)"誰ひとり取り残さない"という人権と参加原理に基づく「社会包容的な世界観」、(3)"変容"という異なる未来社会を求める「変容の世界観」がある。さらに、SDGsの有する特徴については、(1)"複雑な問題"

への対応（テーマの統合性・同時解決性）、(2) "共有された責任" としての対応（万国・万人に適用される普遍性・衡平性）がある。本研究叢書では、SDGsの時代背景、世界観、特徴を踏まえて考察を深めるものである。

・「ESD」—— ESD（持続可能な開発のための教育）は、1990年代後半から欧州を中心に議論が深められてきた。国連は、「国連・持続可能な開発のための10年」（DESD、国連・ESDの10年、2005-2014）を定め、2009年に開催された中間年会合（ボン、ドイツ）では、「個人変容と社会変容の学びの連関」（learning to transform oneself and society）が、"新しい学習の柱" として提示された。本研究叢書では、"新しい学習の柱" として指摘がなされている、社会の "複雑な問題" の解決と価値創造に向けた「社会変容」と、主体の形成（担い手づくり）に向けた「個人変容」の有機的連関に向けて、考察を深めるものである。

・「社会的レジリエンスの強化」—— 物理学、生態学の文脈で定義づけられてきた「レジリエンス」は、近年、社会生態学や、環境社会学、環境経済学などの社会科学分野でも議論が展開されている。本研究叢書では、社会的な文脈を踏まえて「社会的レジリエンス」を取り扱い、"VUCA社会" へ適応し、生態系と社会の重要なシステム機能（例：包括的なケアシステム、さまざまな機能連関、資本と資本の連関による相乗効果、協働ガバナンス、マルチステークホルダー・パートナーシップ）を存続させる力を高めることについて考察を深めるものである。

なお、本書は、『SDGs時代のESDと社会的レジリエンス』と題して、本研究叢書全体の総説として理論的に考察を深めるものである。[第1章] では、ESDに焦点をあて、いかなる学びのあり方が重要か、どのような資質・能力を身に着けることが求められているか、それらの資質・能力を備えた人材育成を通して、いかにして社会的レジリエンスが強化されていくかについて考察をしている。[第2章] では、"VUCA社会" に適応した持続可能な社会の構築に向けた能力観を、「新しい学習の柱」、「ESDの構成概念とVUCA概念」、

「持続可能性キー・コンピテンシー」、「社会的学習」、「変容を促すアプローチ」に基づいて考察をしている。[第3章]では、SDGs時代に想定される「個人」と「社会」、その関係性について、センの人間開発論、ヌスバウムのケイパビリティの3層構造、ハーバマスのコミュニケイション的行為の理論を援用して、理論的な考察を行っている。[第4章]では、ソーシャルワークに着目し、構造的な福祉問題の解決に向けた実践例を取り上げながら、SDGs時代の社会福祉のあり方に関して考察を深めている。[第5章]では、近年開発された新国富（IW）という持続可能性指標の概要を紹介し、新国富の3つの資本（人工資本、人的資本、自然資本）の推計値に基づき、日本を対象に分析を行っている。これらの分析を通すことで、SDGsの観点から、日本の持続可能性を相対的に考察している。

　本研究叢書は、上述した3つの用語を関連付け、多様な分野・領域から多角的に考察を深めることに挑戦した萌芽的な研究の成果であると言える。研究叢書として、十分に体系的なものになるかは、これからの研究次第でもあるが、これら一連の研究を、分野・領域を超えて深めることそのものにも重要な意義があると言えよう。これから出版される一連の研究叢書が、SDGs時代を捉え、人の変容と社会の変容（とその連関）を促し、"持続可能な社会"の構築と、"VUCA社会"の適用に資するものになることを願って止まない。

　2020年2月

編者を代表して　　佐藤　真久

目　次

第1章

ESDが目指す「学び」のあり方と
社会的レジリエンスの強化

北村 友人・興津 妙子

1 はじめに

　持続可能な社会を実現することは、今日の国際社会において、そして各国レベル、さらにはコミュニティ・レベルにおいても、最も重要な課題として広く認識されている。そのために、「持続可能な開発目標（SDGs）」が2015年に採択され、さまざまな取り組みが行われていることも周知の通りである。そうしたなか、SDGsを実現していくうえで、その担い手となる人材を育成していくことに対しても、多くの人が関心を寄せている。

　そこで本章では、持続可能な社会の構築を担う人材を育成するための学習アプローチである「持続可能な開発のための教育（Education for Sustainable Development: ESD）」に焦点をあてて、いかなる「学び」のあり方が重要であるのかについて論じたい。加えて、そうした「学び」を通して、どのような資質・能力を身につけることが求められており、そうした資質・能力を備えた人材が社会に増えていくことで、いかにして社会的なレジリエンスが強化されていくのかについて検討することが、本章のもう一つの目的である。

Key Word: 持続可能な開発のための教育（ESD）、価値志向、リテラシーズ、社会的レジリエンス、社会構成主義、人口知能（AI）

1

2 公正で豊かな社会の実現

　国連の「環境と開発に関する世界委員会」が1987年に発表した報告書『我ら共有の未来（*Our Common Future*）』のなかで、持続可能な開発とは「将来の世代の欲求を満たしつつ、現在の世代の欲求も満足させるような開発」であると定義したことは、あまりにも広く知られている（World Commission on Environment and Development 1987）。すでに読者諸賢には自明のことだと思うが、ここで少し確認のために整理をしておきたい。

　この定義は、次の2つの観点から構成されている。すなわち、現在の私たちの生活と同じくらい豊かな生活を将来の人々も営む権利があり、経済開発が将来世代の発展の可能性を脅かしてはならないという世代的責任を強調した「世代間の公正」という観点と、現在に生きる人々の間にも極端な貧富の格差がなく、すべての人が豊かな暮らしを営む権利を有するという「世代内の公正」という観点である。前者の観点では、環境や天然資源といった問題がより焦点化されるのに対して、後者の観点では開発や社会経済格差といった問題により力点が置かれている。とはいえ、どちらの観点においても、環境、経済、社会・文化といった3つの領域で、この地球上にある限られた資源を「公正」に配分（さらには再配分）していくことが、持続可能な開発を実現するうえで欠かせない（北村・佐藤 2019）。

　なお、この「公正」という概念が、持続可能な社会のあり方を考えるうえで、非常に重要な意味をもっている。「公正（equity）」と「公平（equality）」はよく似た概念でありながら、非常に異なる考え方にもとづいている。たとえば、資源を「公平」に配分するときは、すべての人へ等分に資源を配るのに対して、「公正」な配分とは、それぞれの人のニーズに応じて資源を配ることを意味する。したがって、「公正」な配分においては、人によって手にする資源の量が異なることもしばしばであるが、それぞれの人にどれだけの資源が必要であるかを決める際に、倫理や道徳、社会正義といった観念が大

きな影響を及ぼすといえよう。

　次に、ここで概説した「持続可能な開発」の定義に関して、誤解が生じやすいことを指摘しておきたい。真面目な人ほど、将来世代のためにいまの自分たち世代が我慢して、犠牲を払うことも必要である、といった考え方に陥りがちである。しかしながら、この定義には「ガマンする」といった発想は含まれていない。むしろ、いまの私たちが「豊か」な生活を送り、将来の世代も「豊か」になるような社会のあり方を志向している。すなわち、今の世代も未来の世代も、すべての人が「豊かさ」を享受できる社会こそが、持続可能な開発においては重要なのである。

　とはいえ、実際には、環境が大きく傷つけられ、人口が急速に増加し続け、地球上の資源の有限性も指摘されるなか、いままで通りの「豊かさ」を無批判に享受することはできないことも、現実としてある。こうした状況のなか、基本的に「豊かさ」が物質的な量の増大を意味していたような「成長志向」の考え方から、質的な価値の向上を重視する「価値志向」の考え方へと転換することが求められている。このような考え方の変化は、すでに社会のさまざまな場面に表れている。

　たとえば、世界中から美味と見なされている食材を、輸送のコストやそれに伴う環境負荷などを気にせず取り寄せるよりも、季節に応じた地元の食材を大切にする地産地消の方が、より豊かな食生活の実践であると捉える考え方は、「豊かさ」という概念を従来とは異なる価値観にもとづき捉え直していると言える。この例は、環境や健康を害することのない、多様性に富んだ地域の食物に大きな価値を見出す「スローフード」の考え方である。それ以外にも、スローライフやフェアートレード、エシカルトレードなど、近年さまざまな人が提唱し、実践している活動は、いずれも「豊かさ」の意味を問い直すものである。

　このような「価値志向」にもとづく「豊かさ」の意味の問い直しこそが、持続可能な社会の実現には不可欠である。さらに、こうした「豊かさ」の意味の転換に加えて、人間の「将来可能性」の創造を目指す、「フューチャー・

デザイン（Future Design: FD)」という議論が起こってきていることも指摘しておきたい。これは、「『たとえ、現在の利得が減るとしても、これが将来世代を豊かにするのなら、この意思決定・行動、さらにはそのように考えることそのものがヒトをより幸福にするという性質』を将来可能性とし、ヒトの将来可能性を生む社会のデザインとその実践をFDと呼んでいる。親が自分の食べ物を減らし、その分を子供に与えることで幸せになることを血縁関係のない将来世代まで伸ばせるのかという根源的な問いかけ」（西條 2018: 31）を提起している。

　持続可能な社会のあり方を考えるうえで、ガマンの発想ではなく「豊かさ」の意味を転換させることが重要であると強調した。しかしながら、それと同時に、「豊かさ」を伴うガマンのあり方を考えることも必要ではないか。私たちは、自分の家族や親しい友人など、身近な人に対しては喜んでガマンすることができる。このことは、マンションの隣部屋の赤ん坊の泣き声や、家のすぐそばにある幼稚園から聞こえる子どもたちの声などに対して、うるさいと苦情を申し立てる人たちがいる一方で、隣の家族と親しく付き合っている人や、自分の子どもをその幼稚園に通わせている人は、子どもたちの声や泣き声がかわいらしく感じる、といった現象にも見てとることができる。

　このような身近な人に対するガマンは、実は心の豊かさを感じさせてくれるものである。こうした感情を、縁もゆかりもなく、これまで会ったこともないような人々に対しても抱くことは可能であろうか？　限られた資源を公正に配分・再配分していき、この世界をより持続可能なものにしていくうえで、私たちにはこのような問いが突き付けられている。

　この問いへの明確な答えは、誰にもわからない。しかしながら、少なくともこの世界で起こっているさまざまな問題を深く理解していくことで、自分たちの社会の外で生きる人々が直面している困難さなどに対して、より共感することができるようになるのではないか。そうした想像力や共感力を育むうえで、「持続可能な開発のための教育（Education for Sustainable Development: ESD)」は大きな可能性を有している。そこで、次節では、

4

ESDが目指している「学び」のあり方を整理したうえで、ESDを通していかなる能力や資質を育むことが期待されているのかについて検討したい。

3　ESDが目指す「学び」のあり方

　SDGsの目標４は、教育に焦点をあてた目標となっている。その目標４のターゲット７では、「2030年までに、持続可能な開発のための教育及び持続可能なライフスタイル、人権、男女の平等、平和及び非暴力的文化の推進、グローバル・シティズンシップ、文化多様性と文化の持続可能な開発への貢献の理解の教育を通して、すべての学習者が、持続可能な開発を促進するために必要な知識及び技能を習得できるようにする」と謳っている。この目標４.７の根幹を成しているとも言える教育の考え方とアプローチが「持続可能な開発のための教育（ESD）」である。

　ESDとは、社会のなかにある問題を自ら見つけ、それを解決するための方策を、領域横断的な学びや参加型・体験型の学びを通して考えることを促す、教育のアプローチである。その際、環境、経済、社会・文化という３つの領域で起こっている諸問題について、相互に関連させながら考えることが求められている。たとえば、自然環境の破壊や天然資源の維持といった問題は、世界各地で行われている経済活動と切り離して考えることはできない。また、急速にグローバル化している経済システムは、生産拠点としての途上国での労働問題や人権問題と密接な関係をもっている。このように、３つの領域には相互連関があり、ESDを通してそうした関係性についての理解を深めることが目指されている[1]。

　こうしたESDの学びは、地域に根差した学習と行動が基本となる。地域の文脈（＝自然環境、人間活動、伝統、文化、歴史、経済、社会など）を踏まえて、地域社会を持続不可能にしている（あるいは、そうしてしまうリスクのある）諸問題に関して人々の認識や理解（すなわち「リテラシー（literacy）」）を高めることが、ESDの出発点になる。そして、リテラシーを高めた人々が、

実際に地域社会で行動を変容させていくことが、ESDの目指しているところである。その際、本章では、複数形の「リテラシーズ（literacies）」の重要性を指摘しておきたい。

「リテラシー」とは、通常、基本的な読み書き計算を意味するが、それらにとどまらず、社会生活を送るなかで必要とされる多様な知識や技能（スキル）のことも含んでいる。たとえば、情報コミュニケーション技術（ICT）が発展している今日の社会では情報リテラシー（information literacy）の獲得が不可欠である。また、病気を予防したり、食事を通して適切な栄養を摂取したりするうえで欠かせないのが、健康リテラシー（health literacy）である。それ以外にも、人権、環境、金融など、多種多様なリテラシーを身につけることが、複雑化する現代社会では求められている。ただし、それらの「リテラシーズ」を身につけることは、単にさまざまな分野の知識やスキルを獲得することだけを意味するのではない。20世紀の教育分野で国際的な影響力をもった教育思想家・実践家であったパウロ・フレイレが主張したように、リテラシーとは人間にとっての大切な基礎であり、リテラシーを身につけることで社会を批判的に捉えることが可能になり、実際に社会参画していくことができるようになる（フレイレ 2018）。すなわち、「人々が暮らす社会の矛盾に対する批判的意識を獲得できる条件をつくり出す」（丸山 2019b: 178）ためにこそ、「リテラシーズ」を身につけることが重要なのである。

このような「リテラシーズ」を身につけることを促す「学び」のアプローチがESDである。先述のようにESDは領域横断的な学びであり、さまざまな分野のリテラシーを高めることを可能にする。また、今日の社会では、すでに体系化された知識やスキルを身につけるだけでは、それらはすぐに古くなってしまう可能性が高いため、むしろいかにして学ぶのかといった、「学び方」を学ぶことが重要である。加えて、ある見方からは「正しい」と思えることでも、別な観点から検証すると異なる現象が見えるといったことも、現実の社会ではしばしば起こっている。

こうした状況を踏まえ、ESDでも、ひとつの「正解」を求めるだけでは、

複雑な世界を理解することはできないという考え方にもとづき、重層的・複合的な学びのあり方を強調している（北村 2016）。さらに、このような学びにおいては、「失敗」も含めて多様な学びの機会を逃さないことが肝要である。

　ここで概観したESDという「学び」のアプローチは、前節で論じた「公正で豊かな社会」を実現していく人材を育てるうえで、非常に重要な意義をもつと考える。たとえば、さまざまな領域を横断しながら、この世界の複雑さについて能動的に学ぶESDを通して、先述のような「豊かさ」の意味を問い直したり、資源の公正な配分を考えたりするうえで必要とされる能力・資質を育むことができるだろう。

　また、ESDでは、伝統文化、宗教、言語、政治体制などのローカルな文脈を重視しているが、それは教育がそれぞれの社会にとって自立的な営みであるという考え方にもとづくからである。こうした地域に根差した「学び」は、学習者が生きている社会やコミュニティで起こっている多様な社会課題について、より実感を伴って理解することを可能にする。そうした身近な課題をリアルに感じながら、その解決の方策を領域横断的に検討するなかで、自らの地域や国を越えて、世界各地でこれまで会ったことも見たこともない人たちが直面している課題に関する、創造力や共感力を育むことが期待されている[2]。

　このようなESDを通して、持続可能な社会の実現へ向けた能動的な姿勢や複眼的な思考を身につけた人材が育つことが目指されているのだが、そうした能力・資質を備えた人材はどのように持続可能な社会の実現に貢献していくと考えられるのだろうか。その手がかりとなる考え方が、産業界のステークホルダーたちが中心になって、いかにしてSDGsを推進していくべきかについて、国連などの場で積極的に検討し、その成果を発信しているグループが刊行した報告書『SDG羅針盤（*SDG Compass*）』のなかに示されている（GRI, UN Global Compact and WBCSD 2015）。

　この『SDG羅針盤』では、今日の世界で起こっているさまざまな課題に対処していくには、ビジネスの場での発想を根本から変えなければならないと

主張している。これまで企業が社会課題に対応する場合には、CSR（企業の社会的責任）としてでも、利潤追求のための経済活動として行う場合でも、「Inside Out」の発想にもとづいてきた。すなわち、自社のなか（＝Inside）にある技術や資源を、社会で起こっている課題の解決に役立てるという考え方である。しかしながら、今日の世界では、物事が変化するスピードが非常に速く、現在持っている技術や資源を活用するだけでは十分な解決を見い出すことが難しい。そこで、企業の外（＝Outside）で生じている問題を起点とし、その問題に対応するために既存の技術や資源を改変・修正したり、場合によっては一から作るといったことまでも厭わない発想（すなわち「Outside In」）が必要となる。

　このようなOutside Inの発想は、いままで見ていた視点とは異なる観点からモノを見たり、新しいアイデアを着想したりすることを可能にし、企業にとってはこれまで考えも及ばなかったような商品を開発する契機にもなり得る。これこそが、すでにあるものを新たなやり方や発想で結びつけて、これまでになかったモノやサービスを生み出すという「イノベーション（Innovation）」を起こすうえで欠かせない。

　現在、世界中で多くの企業がSDGsという国際目標に注目しているが、それは単に社会貢献をするというだけではなく、SDGsというレンズを通して世界を見ることによって、これまで思いつきもしなかったアイデアが生まれ、新たなビジネス・チャンスを得ることができると考えているからである。ESDには、このようなイノベーションを起こす人材を育てることも期待されている。

　ただし、ESDを通して最も育みたい人材は、持続可能な社会の担い手である自立した「市民」として、自らの頭で考え、積極的に行動できる人であり、単に企業の経済活動を活性化させる人でないことは、言うまでもない。もちろん、健全な経済活動の担い手になることは、自立した市民としての重要な社会的役割であることは、当然のことである。それと同時に、今日のとくにグローバル化した経済のなかで散見される、強欲で利己主義的な経済活動に

対して批判的な視点をもつことも、市民として重要な社会的責任であることを忘れてはならない。

4　ESDと社会的レジリエンス

　前節では、ESDという教育アプローチが、現代社会の複雑な問題を自分ごととして理解し、持続可能な社会の実現のために自らや社会を変革していくような学びの「変容」を促すプロセスであると述べた。

　いっぽう、地球や人類社会の存続のためにどれだけ一人ひとりが心がけても、私たちが現在の地球環境や社会の変化を完璧に予想することは不可能であり、さまざまな領域で私たちの予想の範囲を超えた予測できない事態が起こり得る。

　実際に、21世紀に入ってから、気候変動などにより大規模な自然災害が多発し、それらはしばしば想定外のスケールで発生している。とりわけ、2011年の東日本大震災とそれに伴う未曽有の巨大津波の到来と原子力発電所の事故は、それまでの安定したあたり前の穏やかなくらしが一瞬にして奪われてしまう現実をわれわれに突き付けることとなった。そしていったん失われた日常のくらしを取り戻すことや被災者のこころのケアが如何に困難で、長い年月を要するものかということも明らかになってきた。

　予想を超えた甚大な被害を最小限に食い止め、想定外のショックから回復に向かうプロセスはどのようなものか。同様の規模の被害を受けても、その後復旧・復興が比較的速やかに行われる地域とそうでない地域とでは何が違うのか。そうした問いが社会において重要な位置を占めるようになる中、東日本大震災以降、日本においても回復力、復元力等を意味する「レジリエンス（resilience）」という概念に注目が集まっている。

　本節では、今日、日本語で「復元力」「回復力」「しなやかさ」「強靱さ」「弾力性」などさまざまに訳されている「レジリエンス」概念とESDとの関係について、とくに地域社会のレジリエンスに焦点をしぼり考えてみたい。

レジリエンスという概念は、元々、物理学で「跳ね返す力」として用いられていた。その後、生態学者のホーリングが1973年に発表した論文が契機となり、さまざまな分野において広く定義づけされるようになった。生態系は、多様な生物と環境要因が複雑かつ多層的に重なり合い循環し相互作用するなかで成立しているシステムであるが、その中のひとつあるいは複数の要因が突発的な作用により何らかの変化をすると、システム全体が変化すると考えられている。ホーリングは、生態系システムの持続可能性には、完全に元の状態を維持するという安定化機能だけでなく、システムに突発的に何らかの秩序を乱す状況が生じた場合でも、変化やかく乱を吸収しつつ、多様な集団間の相互作用とシステムの重要な機能を存続させる能力に着目し、その能力を「レジリエンス」と位置づけた（Holling 1973）。

　その後、「レジリエンス」概念は、生態学にとどまらず、生態系と人間社会の関わりを研究する社会生態学や、環境社会学、環境経済学などの社会科学分野においても応用され、近年では災害からの復旧・復興や防災との関係で中核的概念としてさまざまに議論が展開されている。このように、レジリエンスという概念は、地球と人類社会の持続可能性に関するこれまでの見方を抜本的に問い直す一つのキーワードとして定着している。

　スウェーデンのストックホルム大学レジリエンスセンターの所長であったヨハン・ロックストローム博士は、地球の限界値の境界線を超えない範囲でシステムが変化して適応していく能力を「レジリエンス」と定義し、そうした復元力を高めるか否かが地球社会の存続を左右すると指摘している（ロックストローム＆クルム 2018）[3]。

　「変化への適応力」に焦点が当たるようになってきたのはなぜであろうか。その背景の一つには、科学的予測可能性には限界があることが改めて認識されてきたことがある。そうした認識は、近代における人間社会の活動の増大が気候変動をはじめとする地球環境の変化をもたらし、生態系が激変する中でいっそう強まっている。そのため、地球システムの持続可能性を高めるためには、予測を超える変化が発生することは避けられないことを前提として、

変化に柔軟に適応し生態系と社会の重要なシステム機能を存続させる力を高めるべきであるという考え方が主流となっているのである。

　レジリエンス概念は、生態学や防災学の領域を超えて、金融工学、都市計画、など幅広い分野に転用され、個人のストレスやトラウマへの対応力として心理学の領域でも広く論じられている。広範な領域でレジリエンス概念が転用されつつあるのは、先が見通せない高度化し複雑化した現代社会において、さまざまな領域においてわれわれの予想を超えたショックが起こり得る、あるいはすでに起こっていることがあり、それらへの適応力がこれからの時代を生きていく上で欠かせないという認識が高まっているからであろう。

　自然災害に話を戻そう。東日本大震災は、マグニチュード9.0という日本において過去に例のない規模の巨大地震と、それに伴う500年に１度といわれる巨大津波の到来が重なった。これらが「予想外」とされていたために、自然災害の被害を甚大にしてしまった象徴的事例といえる。

　福島第一原子力発電所では、想定していた高さの2.5倍程の津波に襲われ非常用発電機が停止し、原子炉を安定した冷温停止状態に維持することができなくなり甚大な事故を発生させた。言うまでもなく、その想定が誰のためのものであったか、本当に想定外であったのか、短期的な経済効率を追求するあまり想定外のリスクに対する企業や自治体による災害対策や設備投資が犠牲にされてしまったのではないか、という点については検証が重ねられるべきである。

　同時に重要なことは、想定外の激甚災害が起こった際にも、状況を自律的・主体的に判断し、行動し、災害の被害を最小限に抑え、日々のくらしを速やかに回復することである。そしてそれこそが災害に対する地域社会のレジリエンスを高めることに他ならない。

　社会的レジリエンスを高めるためには、日頃からいかに一人ひとりが、自律的・自発的に考え行動する力を養い、社会としてリスクに備え、状況に応じて柔軟に制度や組織を再編できるのかが問われる。その観点から、さまざまな探求的学習や体験的学習を通じて主体的考察力、課題解決力を育成し自

らや社会を変容するような教育・学習アプローチであるESDの有効性が再確認されている。

　東日本大震災で被災した気仙沼市は、震災前からESDを通じた学びを長年積み重ねてきたことで、大震災発生直後から復旧に至るプロセスにおいて強い「社会的レジリエンス」を発揮した一つの良い事例である。気仙沼市では、2002年から市内の複数の学校においてESDの実践や研究を開始し、その後学校間や小・中・高・大の異なる教育段階との間の連携を通じて市内全域の教育機関におけるESDの実施と市内の全小中学校のユネスコスクールへの加盟を実現していた（宮城教育大学・気仙沼市教育委員会・気仙沼私立学校教頭会 2011）。さらに、学校教育の範囲にとどまらず、学校と行政やNPO、産業、公民館など地域社会と深く連携して地域の自然や産業についての学びが展開され、地域とのつながりを深めながらESDの実践を行ってきたいわばESD先進地域であった[4]。

　大震災が発生した際、気仙沼市の学校では児童生徒たちが自ら考え、判断・行動し、教員たちも児童生徒を保護者に引き渡さず高台にある学校に留まらせるなど、それぞれが想定外の危険を察知して臨機応変に行動した様子が伝えられている（中澤・及川 2012）。結果的に学校にとどまった子どもたちは全員助かり、気仙沼市内において学校管理下での児童生徒の死者は皆無であった。自ら市内の小学校の教頭として震災を体験した及川は、こうした行動がとれたのはESDアプローチに根差した学びを通じ、日ごろから主体的で批判的思考を促していたことが役立ったと振り返る（同上）。

　「知識」は人間と独立して世界に実在するもので、普遍的真理として客観的に把握できるものであるととらえる行動主義的な教育観のもとに行われる知識伝達型の教育だけが展開されていれば、人びとは被災時において事前に用意されたマニュアルどおりにしか行動することができなかったかもしれない。一方で、ESDの学びにおいては、「知識」は学習者に内在するもので、与えられた知識を吸収することよりも、学習者自身が問題をみつけ課題方法を探ったり、他者とかかわるなかで知識を創造したり価値を創出することが

重視されている。こうした学習観は、20世紀初頭にデューイやヴィゴツキーらが唱えた社会構成主義的学習理論に重なるものである（北村・興津 2014）。中澤・及川（2012）は、構成主義に立脚するESDの学びを積み重ねてきた結果、教員と児童生徒の双方がとっさの事態に対し主体的判断と行動を行い得たと考察している。中澤・及川（2012）は、また、児童生徒、教員と地域住民の間に顔が見える関係が築かれていたことで、学校外においても地域との連携により多くの子どもたちの命を守ることができたと分析している。

　東日本大震災においては災害発生後の震災関連死も多かったことは、災害発生時だけでなくその後の復旧・復興の過程がいかに重要かを物語っている。甚大な被害を受けた階上地区に位置する階上中学校は避難所として機能することとなったが、そこでは中学生たちが大人と一緒に段ボールで避難所を設営し、炊き出しや水汲み、お年寄りの話し相手や小さい子どもたちへの絵本の読み聞かせなど地域の人のためにできることを自ら考え行動する姿が見られ、さまざまなかたちでESDの学びが活かされた（東北復興新聞 2014年10月21日）。

　丸山は、スマトラ沖地震の復興過程において、学校教育だけでなく、学習者の主体性と学習環境の柔軟性を前提としたノンフォーマル教育が地域再生と人びとのエンパワーメントに大きな役割を果たしたと論じている（丸山 2019a）。気仙沼市内でも、ESDの学びが復旧・復興に活かされたのは学校だけではなくノンフォーマル教育の現場でも同様であった。被災した多くの地域では、日頃からノンフォーマル教育の重要な場として機能していた公民館が、被災直後から避難所として長期にわたり状況避難者の生活を確保する重要な役割を担った。気仙沼市では震災以前から、ESDの学びを通じ学校と連携して地域の歴史や環境問題に取り組んできた経緯があり、学校と公民館との普段からの協同によってESDの理念が公民館の活動にも入っていた。こうした公民館と学校との連携や公民館におけるESD理念の普及が、公民館での早期の自治会の結成と活動の展開につながったほか、自治会とNPO、NGO、行政、学校組織との効果的連携を下支えしたという。自らも被災した中学生

たちの公民館でのボランティア活動が展開されたことも報告されている（白幡 2015）。気仙沼の事例は、復興過程での社会的レジリエンスにフォーマル・ノンフォーマル教育の有機的連携が重要性であることを示唆している。

　近年、災害後のコミュニティの再生において、「創造的復興」という言葉をよく耳にするようになっている。行政主導で画一的にインフラ設備の復旧を行うのではなく、住民が主体となって専門家の意見も取り入れながら議論を重ね、将来世代にわたりサステナブルな地域コミュニティの姿をともに模索し、再構築していくことが求められている。ゾッリとヒーリー（Zolli and Healy 2012）は、レジリエンスとは単なる「復元力」ではなく、「変化する環境に合わせて流動的に自らの姿を変えつつ、目的を達成する力」であると論じているが、「創造的復興」の概念はこうした主張とも重なり合う。東日本大震災の被災地においても、行政によりトップダウンで進められようとする復興計画に対して、いかにして幅広い世代の被災者自身がともに議論を重ね、積極的に未来に向けたまちづくり、人づくりを行っていくかが課題となっており、そうした取り組みにESDのアプローチが有効であると指摘されている（阿部 2013）。「創造的復興」は、単なる現状復帰ではなく、それまでできなかったさらに持続的で民主的なまちづくりに向けた取り組みであり、「レジリエンス」そのものではないだろうか。災害から比較的速やかに立ち直るコミュニティの特質を研究しているオルドリッチは、関東大震災、阪神・淡路大震災、スマトラ島沖地震、自らも被災者となったハリケーン・カトリーナの４つの災害事例を研究するなかで、コミュニティ内の成員の間の信頼関係と豊かな社会的なネットワークから成る社会資本（ソーシャル・キャピタル）が社会的レジリエンスを強化することを指摘した（Aldrich 2012）。気仙沼の経験は、この地で古くから構築されてきた人々の間の信頼関係や互助の精神といった社会資本が、ESDの学びによってさらに強化されていたことが社会的レジリエンスにつながったと理解できるであろう。いっぽうで、さまざまな歴史的要因などにより社会資本が豊かな地域とそうでない地域が存在するのも事実であり、社会資本の格差をどう埋めていくか、そしてしば

しば「コミュニティ」という美名の下に隠れてしまいがちな地域内のさまざまな格差にも目を向けつつ、社会的ネットワークに十分に参加できていない可能性のある人々——すなわち、お年寄り、障害を持つ人びと、外国籍の人びと、女性など——の意見を取り入れながら包摂的な社会資本構築のあり方を考えていくことも重要であり、その点に関してもESDの役割を期待したい。

　これまで、東日本大震災の被害を受けた気仙沼市を事例に、ESDと社会的レジリエンスの関係についてみてきたが、社会のレジリエンスは災害時にのみ問われるものではない。経済や所得格差の拡大、都市化の進行と都市スラムの拡大、農村コミュニティの衰退、フェイクニュースの蔓延、先進国における少子高齢化と途上国における人口爆発、若年層の雇用問題、財政赤字の拡大など社会の脆弱性は増している。

　人類社会のあり方がかつてない程に高度化・複雑化し、グローバル化の進展により国境を超えた相互依存性が高まるなか、私たちは日々便利なくらしを享受している。その一方で、普段口にしている食べ物や、まとっている服やアクセサリーがどこで誰によってどのように作られ、どれだけのエネルギーを消費して輸送されたかを知らずに過ごしている。普段は便利に思えるあたりまえで物質的に豊かなこうした生活様式は、ひとたび危機が発生するとたちまち脆弱性を露呈する。東日本大震災においても、配送システムが断絶しコンビニエンスストアから一瞬にして食べ物が消えたことは記憶に新しい。効率性を重視するコンビニエンスストアでは過去のデータから割り出し必要な量だけを店頭に揃えており、在庫をもつことはないのである（阿部 2018: 200）。

　このように効率性や利便性で支えられたわたしたちの生活は社会システムの脆弱性と引き換えに成り立っている。社会的レジリエンスを考える際は、災害などのとっさの想定外のショックにどうしなやかに適応するかという観点だけでなく、人類が追求してきた便利な社会生活そのものがさまざまな脆弱性や社会的不平等、多大な環境への負荷のもとに営まれており、危機が徐々に進行していることを全体論的に学んでいくことが不可欠である。そうした

学びの営みにおいて地域に根差しながら地球全体の持続可能性と社会公正性を考えるESDという教育アプローチが果たす役割は極めて大きい。

5　人工知能（AI）に代替されない能力・資質とは

ダイナミックに変化する今日の世界において大きな社会的関心を集めているテーマのひとつが、人工知能（AI）の発達が人間の生活様式や労働環境をどのように変えていくのかということである。そうしたテクノロジーが高度に発展することで、人間にとってどのような時代を迎えることになるのだろうか。人間に対する興味・関心にもとづく学問領域である教育学にとって、こうした問題は他人事ではない。そこで、ESDを通して育もうとしている能力・資質という観点から、この問いについて考えてみたい。

すでに多くの人が引用しているように、日本でも2015年と比較して2030年には労働人口の約49％が人工知能やロボット等で代替されるという試算が、オックスフォード大学と野村総合研究所の共同研究の結果として提示されている。そのなかで代替が難しい職業として、他者との協調や、他者の理解、説得、ネゴシエーション、サービス志向性が求められる職業が挙げられている[5]。

そこでは、教師、メディア関係のクリエイティブな職業、作家・芸術家、内科医・産婦人科医・歯科医などの職業が挙げられているが、なかでも筆者の興味をひいた職業が「観光バスガイド」である。単なる観光地の紹介をする業務であれば、予め収録された音声を流せば済むが、観光バスガイドに求められる職業特性はそのように単純なものではない。その日のバスツアーに参加している観光客がどのような関心（＝観光を重視しているのか、買い物に期待しているのか、等）をもっているのかを見極め、体調の悪い人がいないかといったケアを怠らず、異なる背景をもつ人々を楽しませるという、「マルチ・タスク」を遂行できる能力が求められている。

広告業界で世界的に著名なクリエイティブ・ディレクターのレイ・イナモ

トは次のように言っている。「物事には0から10まであります。人工知能が人間より優れているのは平たく言うと、1から9のところ。繰り返しモノを作ったり、行動を繰り返すのは人工知能の方がいずれ人間よりも優れてくる。でも人間が優れているのは0から1を作ったり、9から最後10に持っていく部分」。さらにイナモトは、テクノロジーの進化は確実に我々の生活の利便性を日々高めているが、「最終的に人の心を感動させなくてはならない」と指摘する[6]。イナモトの指摘はまさにその通りであるが、人間はさらなる可能性を有している。当初10と思われた目標を、12や15、20といった範囲まで広げていく能力は、人間が人工知能よりも優れている。そして、こういった広がりを生み出す想像力・創造力は、「マルチ・タスク」をこなすなかで磨かれていく。

　異なる現象へ同時に対応するためには、身につけている知識やスキルを、本来それらを用いるべき分野以外にも応用させることが欠かせない。このような専門分野以外においても汎用性のある技能が「ジェネリック・スキル」や「移転可能なスキル」である。人工知能が高度に発達した時代には、今日とは異なる技能が求められることは明らかであるが、それと同時に、人間にしかできないことも、これまで以上に増えていくのではないだろうか。そうした時代には、マルチ・タスクをこなすことを可能にする「ジェネリック・スキル」や「移転可能なスキル」を育むことが、今後さらに重視されていくであろう。

　そのようなスキルを備えた人材が社会で増えていき、そうした人材がもっている能力を十分に発揮できるような技術的インフラが整備されていくことで、人々の生活はより「便利」になっていく。ただ、そこでより求められていることは、「感動」なのではないだろうか。観光地を巡るだけであれば音声録音されたガイドで十分かもしれないが、そこにはあまり「感動」はないかもしれない。それぞれの人の興味・関心に沿いつつ、体調面や精神面へのケアを忘れない、バスガイドによる細やかな心遣いこそが、「感動」の陰に隠れていることを軽視することはできない。

ルーティン化された単純作業よりも、新しい情報や予想のできない問題に対処するような労働のあり方が求められていく21世紀において、こうした「感動」を支えるような資質・能力を身につけることが非常に重要である。そうした資質・能力こそが、新しい「学力」として国際的に議論されているものの本質であり、そうした資質・能力を育むための新たな教育のアプローチのひとつがESDである。

6　おわりに

　産業革命以降の近代化のなかで繰り広げられてきた物質的な「豊かさ」の追求とそのための人間の活動領域の爆発的な広がりは、気候変動や資源枯渇という具体的な事象を伴って地球システム存続の深刻な危機を招いている。国内総生産（GDP）に代わる新しい豊かさ指標について研究している馬奈木ら（馬奈木・池田・中村 2016）は、自然資本を消耗して一時的に国内総生産が増加しても、持続可能性が減少し地域コミュニティあるいはその国が消滅することになれば、将来世代への持続可能性が失われ真の意味での「豊かさ」が失われていることになる、と述べる。自分たちさえ良ければよいという人類社会による利己的な「豊かさ」の飽くなき追求は、地球環境や生態系を消耗し続けているだけではなく、富の極端な偏在、地域コミュニティの解体、平和や人権の侵害といった社会や経済の面での深刻な問題ももたらし、さまざまな領域で脆弱性が高まっている。

　本章で述べてきたとおり、地球と人類社会が直面する危機的状況を回避するためには「豊かさ」の意味を抜本的に問い直すことが欠かせない。そして、そうした新しい「豊かさ」の実現に向けて一人ひとりが行動することを求める国際目標がSDGsである。すなわち、SDGsの実現のためには、いかに経済、地球環境、社会、文化の領域でバランスのとれた「豊かさ」を実現していくのか問われている。

　SDGsは、また、一部の人たちだけが豊かさを享受する社会が本当に豊か

な社会と呼べるのかという根源的な問いも突き付けている。限られた資源や富を世界の人々や将来世代との間でどのように「公正」に配分すべきか、そしてそのために如何なる社会制度を構築するべきなのか。SDGs は「誰一人取り残さない（No one left behind）」のスローガンの下、そうした資源や富の「公正な配分」の問題を深く考える視点も提供している。

　こうした複雑に絡み合う地球規模の問題の解決にあたっては、ともすれば専門家や行政が専門的知見を駆使してトップダウンで解決策を提示すべきと考えられがちである。しかし、グローバル化が進展し、国境を越えた生産と消費が活発化する今日、世界各地で起こっている問題は環境問題であれ、経済や雇用の問題であれ、世界の誰もが何らかの形で当事者となっている。このことを踏まえれば、市民一人ひとりが、持続可能な社会の実現に向けて自律的に思考し行動することが何よりも求められている。自分たちの豊かで快適な生活が地球環境や地球の裏側にくらす誰かの犠牲の上に成り立っている可能性があることを学際的かつ全体論的に理解し、見えない他者への共感力と想像力を高め、問題の解決のために行動することなしに持続可能な社会は実現できない。

　本章では、そのような自律的で批判的な思考力、共感力、行動力を個人と社会の中に育む教育・学習アプローチが ESD であると論じた。そこで求められている力は、単に地球規模の課題を社会や生活と切り離して個別の「知識」として習得する力ではない。地球規模で起こっているさまざまな問題を、地域社会の事象と結び付けて「自分ごと」として理解し、そうした中で既存の社会システムのあり方を批判的に考察し、変容のための行動につなげることを学び手に促すアプローチ、それこそが ESD である。

　永田（2019）は、地球規模課題を表層的に取り扱うに過ぎない、断片化あるいは矮小化された〈浅い ESD〉と区別して、公平な分配、民主主義、地球市民、脱成長といった原理的な鍵概念にもとづく〈深い ESD〉の実践が重要であることを指摘している。こうした〈深い ESD〉が拠って立つ鍵概念の一つがレジリエンスである。現代社会のライフスタイルがさまざまな脆弱性の

上に営まれ危機を生み出していることや、危機が社会的に不利な条件にある人びとに最も深刻な影響を及ぼしている状況を構造的に理解し、災害や危機と向き合う地域の力こそが社会的レジリエンスであり、それらに真正面から向き合う教育が求められている。

「資本主義の父」と呼ばれるアダム・スミスは、『国富論』において資本主義経済の基本は自己利益の最大化であり、それこそが生産量と経済活動の増大をもたらし、蓄積された富は「神の見えざる手」である市場原理によって最適に分配されると説いた。一方で、アダム・スミスは、国富論を著す前に発表した『道徳感情論』の中で、「共感（sympathy）」という概念を示し、人間は利己的な存在であると同時に他人の幸福にも関心を寄せる存在でもあるとして、人びとが社会の一員としての共感力を持つことなしに社会の秩序と繁栄は成立しないと考えていた（堂目 2008）。

約250年前にアダム・スミスが構想した豊かな社会はSDGsが構想する持続可能で公正な社会とも重なり合う。共感力や創造力を持って真の豊かさを実現するための複合的なリテラシーズと行動力を併せもつ人びとを育み、地域の未来を自らデザインすることにより社会的レジリエンスを高めていくような教育の変容に向けた努力を積み重ねていくことの重要性を指摘して、本章の結びとしたい。

注
（1）ESDの詳細については、北村・佐藤・佐藤（2019）の諸論考を参照のこと。
（2）ここでのESDを通して育むことが期待される能力や資質については、すでにさまざまな書籍や論文が刊行されているが、それらのなかでも西井他（2012）や佐藤・阿部（2012）といった概説に加えて、阿部（2017）や手島（2017）などの実践に即した考察も参考になる。
（3）ロックストローム博士は2009年に筆頭著者として発表した論考で「プラネタリー・バウンダリー（地球の限界）」という概念を示したことで有名である。博士はその中で、人間社会の活動がかつてないほど活発に繰り広げられる中、地球システムは回復できなくなるような限界値（閾値）に近付きつつあると警告を鳴らしている（ロックストローム＆クルム 2018）。
（4）国連大学が「国連・持続可能な開発のための教育の10年」の地域拠点（RCE）

制度を開始すると、2005年には仙台市などとともにESDモデル地区として「仙台広域圏」として認定され、2008年にはユネスコスクールの加盟を通して、市内の学校におけるESDへの取り組みが一層加速していた（宮城教育大学・気仙沼市教育委員会・気仙沼私立学校教頭会 2011）。
（５）野村総合研究所〔https://www.nri.com/jp/news/2015/151202_1.aspx（2019年５月２日閲覧）〕より引用。
（６）『SENSORSテクノロジー ×エンターテインメントメディア』〔http://www.sensors.jp/post/rei_inamoto.html（2019年５月２日閲覧）〕より引用。

参考文献

阿部治（2017）『ESDの地域創生力―持続可能な社会づくり・人づくり　９つの実践―』合同出版

阿部健一（2018）「第10章　地球のレジリエンス」奈良由美子・稲村哲也編『レジリエンスの諸相―人類史的視点からの挑戦―』放送大学教育振興会、192～208ページ

阿部正人（2013）「災害と復興における教育の課題とESD」『学術の動向』2013年12月

北村友人（2016）「グローバル時代の教育―主体的な「学び」とシティズンシップの形成―」佐藤学・秋田喜代美・志水宏吉・小玉重夫・北村友人『岩波講座・教育　変革への展望１　教育の再定義』岩波書店

北村友人・興津妙子（2014）「サステナビリティと教育：持続可能な開発のための教育（ESD）を促す教育観の転換」『環境研究』Vol.177、42～51ページ

北村友人・佐藤真久（2019）「SDGs時代における教育のあり方」北村友人・佐藤真久・佐藤学編著『SDGs時代の教育―すべての人に質の高い学びの機会を―』学文社

北村友人・佐藤真久・佐藤学編著（2019）『SDGs時代の教育―すべての人に質の高い学びの機会を―』学文社

西條辰義（2018）「フューチャー・デザイン―持続可能な自然と社会を将来世代に引き継ぐために―」『環境経済・政策研究』Vol.11、No.2、29～42ページ

佐藤真久・阿部治編著（阿部治・朝岡幸彦監修）（2012）『持続可能な開発のための教育：ESD入門』筑波書房

白幡勝美（2014）『東日本大震災の教訓―気仙沼市の公民館の取組みから―」「ESD推進のための公民館―CLC国際会議へ地域で学び、共につくる持続可能な社会―」発表資料（2014年10月10日）

手島利夫（2017）『学校発・ESDの学び』教育出版

堂目卓夫（2008）『アダム・スミス「道徳感情論」と「国富論」の世界』中央公論新社

永田佳之（2019）「持続可能な開発のための教育（ESD）（第２節　日本のESDに関する批判的レビュー）」北村友人・佐藤真久・佐藤学編著『SDGs時代の教育

―すべての人に質の高い学びの機会を―』学文社

中澤静男・及川幸彦（2012）「東日本大震災復興とESD―気仙沼市の事例を通して―」『教育実践開発研究センター研究紀要』Vol.21、233～237ページ

西井麻美・藤倉まなみ・大江ひろ子・西井寿里編著（2012）『持続可能な開発のための教育（ESD）の理論と実践』ミネルヴァ書房

フレイレ、パウロ（三砂ちづる訳）（2018）『被抑圧者の教育学―50周年記念版』亜紀書房

馬奈木俊介・池田真也・中村寛樹（2016）『新国富論―新たな経済指標で地方創生―』岩波書店（岩波ブックレット）

丸山英樹（2019a）「津波災害後のスリランカにおける持続可能な地域社会の構築―ノンフォーマル教育研究の観点から―」『比較教育学研究』Vol.52、168～177ページ

丸山英樹（2019b）「リテラシーとノンフォーマル教育」北村友人・佐藤真久・佐藤学編著『SDGs時代の教育―すべての人に質の高い学びの機会を―』学文社

宮城教育大学・気仙沼市教育委員会・気仙沼市立学校教頭会編著（2011）『気仙沼ESD共同研究紀要―持続可能な社会を担う児童・生徒の育成を目指して』宮城教育大学・気仙沼市教育委員会・気仙沼市立学校教頭会 http://rce.miyakyo-u.ac.jp/panf/kesennumaESD.pdf（2019年5月30日最終閲覧）

ロックストローム・ヨハン＆クルム・マティアス（竹内和彦・石井菜穂子監修、谷純也・森秀行他訳）（2018）『小さな地球の大きな世界―プラネタリー・バウンダリーと持続可能な開発』丸善出版

Aldrich, D. P. (2012). *Building Resilience: Social Capital in Post-Disaster Recovery*. Chicago the University of Chicago Press.

GRI, UN Global Compact and WBCSD (2015). *SDG Compass: The Guide for Business Action on the SDGs*. (Available at file:///C:/Users/Yuto/Desktop/019104_SDG_Compass_Guide_2015.pdf)

Holling, C. S. (1973) "Resilience and Stability of ecological Systems", *Anuual Review of Ecology and Systematics*, Vol.4, pp.1-23.

World Commission on Environment and Development (1987). *Our Common Future*. Oxford: Oxford University Press.

Zolli, A. & Healy, A. M. (2012) Resilience: *Why Things Bounce Back*. New York: Simon & Schuster.

第2章

"VUCA社会" に適応した持続可能な社会づくりに求められる能力観

佐藤 真久

1　はじめに

　本章は、「"VUCA社会" に適応した持続可能な社会づくりに求められる能力観」と題して、「国連・ESDの10年」における国際的議論と筆者の国内外の経験に基づき、「新しい学習の柱」、「ESDの構成概念とVUCA概念」、「持続可能性キー・コンピテンシー」、「社会的学習」、「変容を促すアプローチ」について考察を深めるものである。まず、第2節では、これからの社会像として配慮すべき "持続可能な社会" と "VUCA社会" を取り扱い、"VUCA社会" に適応した持続可能な社会の構築の意味合いについて考察する。第3節では、「国連・ESDの10年」の背景と経験として、「国連・ESDの10年」の2つの起源と、中間年会合（2009年）で主張された「新しい学習の柱」（個人変容と社会変容の学びの連関）について述べることとしたい。第4節では、"VUCA社会" に適応し、持続可能な社会の構築に資する【構成概念】として、"ESDの構成概念" と "VUCA概念" についての論点を整理する。第5節では、"VUCA社会" に適応し、持続可能な社会の構築に資する【資質・能力】として、「国連・ESDの10年」とその後継事業であるグローバル・アクション

Key Word: VUCA社会、個人変容と社会変容の学びの連関、持続可能性キーコンピテンシー、社会的学習、変容を促すアプローチ

プログラム（GAP：2015-2019）において蓄積されてきた、持続可能な社会の構築に資する資質・能力論である「持続可能性キー・コンピテンシー」を紹介する。第6節では、“VUCA社会”に適応し、持続可能な社会の構築に資する【学習形態】として、「国連・ESDの10年」の後半期において注目があつまり、今日その重要性が指摘されている「社会的学習（第三学派）」について、その歴史的変遷とその意味合いを考察する。第7節では、“VUCA社会”に適応した持続可能な社会の構築に資する【学習・実践アプローチ】として、「変容を促すアプローチ」（実践共同体と学習共同体、協同的探究、コミュニケーション的行為）について紹介する。第8節では、本章で取り扱われた論考を軸にして、“VUCA社会”に適応した持続可能な社会づくりに求められる能力観について考察を深めることとしたい。

2 “VUCA社会”に適応した“持続可能な社会”の構築

これからの社会の構築にはどのような配慮が必要だろうか。まず本節では、これからの社会像として配慮すべき“持続可能な社会”と“VUCA社会”について、考察を深めることとしたい。

(1) 求められる“持続可能な社会”の構築

“持続可能な社会”の構築の議論は、国連人間環境会議における人間環境宣言（1972年）、国連・環境と開発に関する世界委員会（WCED）における報告書（通称：ブルントラント・レポート、1987年）、国連環境開発会議（UNCED）におけるリオ宣言（1992年）、地球憲章（2000年）などにおいて議論がなされてきた。今日においては、持続可能な開発目標（SDGs）採択文書（2015年）においても指摘がなされている。近年では、持続可能な開発を「地球上で安全で公正に活動できる空間内で、すべての人が良好な生活を追求すること」と再定義することの重要性が指摘されている（ロックストローム＆クルム　2018）。今日では、環境・経済・社会の統合性（環境的側面

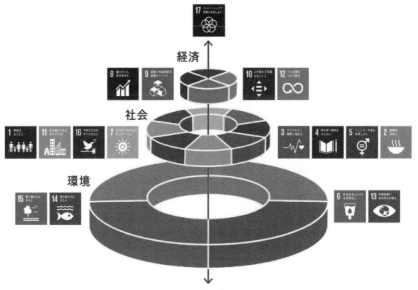

図2-1　環境・経済・社会の内包型モデル (ロックストローム＆クルム、2018)

を基盤にした社会・経済的側面の内包：**図2-1**)、世代間・世代内公正、地球全体主義、人権に基づくアプローチ、貧困・社会的排除問題と環境問題の同時的解決[1] などが指摘されている。今日の社会が、"持続不可能な社会"であることは周知であり、誰一人取り残されることのない "持続可能な社会"の構築が求められている。

（2）求められる "VUCA社会" への適応

VUCAとは、変動性（Volatility）、不確実性（Uncertainty）、複雑性（Complexity）、曖昧性（Ambiguity）の4つの文字の頭文字をとったもので、「現代のビジネスや社会が既存の枠組みでは捉えづらいこと」を象徴している。今日の社会は、経済・社会・環境面のどの側面においても、変動性が高く、不確実性の高い状況下にあると言える。さらには、様々な問題が問題群を形成し、"複雑な問題" に対する解決策が必要とされていること、問題の原因、問題や課題の関係性、将来的展望などが曖昧な状況であると言える。今日の

社会は、これらの特徴を有した "VUCA社会" であると言え、今後、"VUCA社会" に適応した社会の構築が求められていると言えよう。

（3）"VUCA社会" に適応した持続可能な社会の構築

　では、上述した２つの社会像を関連づけた際、"VUCA社会" に適応した持続可能な社会の構築には、何が必要とされているだろうか。ロックストローム＆クルム（2018）は、自著『小さな地球の大きな世界―プラネタリー・バウンダリーと持続可能な開発』の中で、地球の限界値の境界線を超えない範囲でシステムが変化して適応していく能力を「レジリエンス」と定義している。そして、この人類の「変化への適応力」が、地球の存続に大きく左右している点を強調している。この意味からも、SDGsの捉え方を、経済が社会を支える手段として機能し、社会はプラネタリー・バウンダリー（地球の限界）を超えずに安全に機能する空間内で発展するという、入れ子構造の開発の枠組み（環境・経済・社会の内包型モデル、通称：ウェディングケーキ・モデル）を選択する必要があるだろう（図2-1、ロックストローム＆クルム2018）。なぜならば、プラネタリー・バウンダリー（地球の限界）を超えずに安全に機能する空間なしに、社会の発展、経済の発展はあり得ず、その一方で、環境的側面の脆弱性が高いことが、社会、経済的側面の脆弱性を高くし、"VUCA社会" を誘発するからである。これからの持続可能な社会の構築においては、このように、環境的側面の脆弱性を低くしつつ（さらには、社会的側面の脆弱性も低くしつつ）、変動性、不確実性、複雑性、曖昧性への適応力（"VUCA社会" への適応力）を高めることが求められていると言えよう。

3　「国連・ESDの10年」の背景と経験

　前節では、これからの社会像として配慮すべき "持続可能な社会" と "VUCA社会" を取り扱い、"VUCA社会" に適応した持続可能な社会の構築の意味

合いについて考察した。本節では、本稿のテーマである「"VUCA社会"に適応した持続可能な社会づくりに求められる能力観」を取り扱う際に基礎となる「国連・ESDの10年」の背景と経験として、「国連・ESDの10年」の2つの起源と、中間年会合（2009年）で主張された「新しい学習の柱」（個人変容と社会変容の学びの連関）について述べることとしたい。なお、「国連・ESDの10年」の背景と経験についての詳細は、佐藤（2016）を参照されたい。

（1）ESDの2つの起源―"人間開発"と"持続可能な開発"

「国連・ESDの10年」の国際実施計画（IIS、2005年）では、「国連・ESDの10年」の背景には2つの起源があるとし、それは、(1)人間開発アプローチ、質の高い基礎教育、アクセスのユニバーサル化と教育機会の平等達成、(2)持続可能な開発と教育、であると指摘している**（図2-2）**（佐藤 2016）。人間開発アプローチ、質の高い基礎教育、アクセスのユニバーサル化と教育機会の平等達成に関する歴史的流れは、1948年の世界人権宣言、1989年の子どもの権利条約からの流れを受け、その後の「人間開発アプローチ」と国際的な教育論議に続いているものである。一方、持続可能な開発と教育は、1972年の国連人間環境会議（ストックホルム会議）や、1987年の持続可能な開発に関する『われら共有の未来』（ブルントラント・レポート）の発表、そして、1990年代の環境と開発に関連する一連の国際会議の流れを受けているものである。二つの流れの合流点が、1992年に開催された国連環境・開発会議（UNCED、通称：リオ会議）であると言われており、とりわけ、当該会議（UNCED）におけるアジェンダ21第36章において、持続可能性に配慮をした教育の重要性が謳われた。「国連・ESDの10年」は、このように"人間開発"と"持続可能な開発"の国際的流れの合流点となった国連環境・開発会議（UNCED）の流れを受けて、持続可能性な社会の担い手づくり（持続可能性のための人間開発）に焦点が置かれた国連プログラムであったと言えよう。このように、「国連・ESDの10年」の国際的議論は、"持続可能性"を軸にした教育論議が中心となっているものの、本稿で取り扱う"VUCA社会"や"社

◆「人間開発アプローチ」、質の高い基礎教育、
アクセスのユニバーサル化と教育機会の平等達成
(1948: The Declaration of Human Rights, 1989: Convention on Right of the Child – CRC,
1990: WCEFA and Jomtien Declaration on Education for All – EFA, 2000: WEF and Dakar Framework of Action,
2000-2015: MDG 2-3, 2003-2012: UNLD)

経済・社会
開発・開発 UNCED (1992) → DESD (2005-2014) ESD
UNESCO Global Action Programme on
Education for Sustainable Development

◆「持続可能な開発」と教育
(1972: UN Conference on Human Environment in Stockholm, 1977: Tbilisi, 1987: Moscow, Brundtland Report –
Our common future, 1992: Rio Summit – Agenda 21 Chap 36, 1994: World Summit for Social Development, 1995:
2nd UN Conference on Human Settlements, 4th World Conference on Women, 1996: World Food Summit, 1997:
Thessaloniki Declaration)

UNESCO(2005) DESD-IISに基づき著者作成

図2-2　ESDの2つの起源―"人間開発"と"持続可能な開発"

会的レジリエンス"に関する議論や教育論を超えた社会的側面までの議論が
十分深められていない点を踏まえる必要があるだろう。

（2）新しい学習の柱―"個人変容と社会変容の学びの連関"

「国連・ESDの10年」の中間年会合（2009年、ボン）は、ESDにおける行
動の重要性が強調されたものであった。2009年の中間年会合で発表された「ボ
ン宣言」では「21世紀のESD」が提示され、「国連・ESDの10年」国際実施
計画（IIS）（UNESCO 2005）[2]に比べて、より実践色の強い文書となって
いる[3]。この中間年会合では、周知の「学習の四本柱」（learning to be, to
know, to do and to live together）に加え、"learning to transform oneself
and society"（個人変容と社会変容の学びの連関）[4]を「新しい学習の柱」
として位置づけている（UNESCO 2009）（図2-3）。教育はこれまで、"すべ
ての人の学ぶ権利を保障し、その学びの質を高める"文脈で取り扱われてき
た。その一方で、ESDでは、すべての人の学ぶ権利を保障し、学びの質の向
上に貢献しつつ、"個人が変わる（自己も他者も）こと"と"社会を変える
こと"とを連動させた学びの形態であることが読み取れる。この「新しい学
習の柱」（UNESCO 2009）は、「国連・ESDの10年」における中頃から広ま

図2-3　ESDの捉え方―"個人変容と社会変容の学びの連関"

ってきた用語であるが、「国連・ESDの10年」開始当初から用語そのものがあったわけではない。「ESDは動的である"ESD itself is on the move"」（UNESCO 2012）との指摘通り、世界で直面する課題・状況に応じて、ESDの概念にも進展が見られてきたと言えるだろう。「社会的レジリエンス」を、ロックストローム＆クルム（2018）の指摘に基づいて「"VUCA社会"（変動性、不確実性、複雑性、曖昧性）への適応力」と筆者なりに解釈をした場合、その能力の強化には、「国連・ESDの10年」で指摘された「新しい学習の柱」（UNESCO 2009）である「個人変容と社会変容の学びの連関」が重要な意味を持つ。個人が自身の資質・能力を高めるだけでなく（個人変容）、社会への参加や社会変容に向けた協働を通して互いに学び合うことにより、「"VUCA社会"への適応力」を強化することが可能になると言えよう。

4　ESDの構成概念とVUCA概念

　では、"VUCA社会"に適応した持続可能な社会の構築に資する【構成概念】とは、どのようなものであろうか。本節では、筆者がその企画と研究・開発に深く関わった国立教育政策研究所のESD研究プロジェクト『学校における

持続可能な発展のための教育（ESD）に関する研究』に基づいて考察を深めることとしたい。国立教育政策研究所（2012）は、「国連・ESDの10年」を受けて、国内外の事例収集と教育実践者や研究者による継続的な議論に基づき、ESDの学習指導過程を構想し展開するための枠組み（以下、国研ESD枠組）⁽⁵⁾を提示し、「持続可能な社会づくり」を捉える6つの要素（構成概念：多様性、相互性、有限性、公平性、連携性、責任性）を抽出している⁽⁶⁾。国研ESD枠組では、「持続可能な社会づくり」に関連する概念等を、[1] 人を取り巻く環境（自然・文化・社会・経済など）に関する概念と、[2] 人（集団・地域・社会・国など）の意思や行動に関する概念の二つに大別している。また、「持続可能な社会づくり」は、極めて多く要素が複雑に絡み合った概念、つまり、システムとして多面的に捉える必要があると考えており、システムを、①多種多様な要素からなり、②それらが互いに作用し合い、③ある方向へ変化しながら、全体として一定の機能を果たすものと捉えている（佐藤・岡本 2015）。一方、VUCA概念は、その言葉どおり、変動性（Volatility）、不確実性（Uncertainty）、複雑性（Complexity）、曖昧性（Ambiguity）を有した概念であると言えるだろう。国立教育政策研究所（2012）の前文でも書かれているように、ESDの構成概念の一つに「有限性」を提示している点は、有限性に配慮をしない成長が前提に議論をされてきた開発観に対して、異を唱えるものとなっている。これらの概念は、"VUCA社会"に適応した持続可能な社会の構築に資する【構成概念】と言えるだろう。

5　持続可能性キー・コンピテンシー

つぎに、"VUCA社会"に適応した持続可能な社会の構築に資する【資質・能力】について、検討をしてみることとしたい。とりわけ、本節では、「新しい学習の柱」（UNESCO 2009）である「個人変容と社会変容の学びの連関」（**図2-3**）において、個人変容にむけた学びが社会変容にどう関係しているかについて考察を深めることとしたい。「国連・ESDの10年」と、その後継

表 2-1　UNESCO（2017）の示す「持続可能性キー・コンピテンシー」（筆者、邦訳）

- システム思考コンピテンス（system thinking competence）—関係性を認識し理解する能力；複雑系を分析する能力；異なる領域と規模の中においてどのようにシステムが組み込まれているかを考える能力；不確実性を取り扱う能力
- 予測コンピテンス（anticipatory competence）—複数の未来の姿（可能性ある、予想できる、望ましい）を理解し、評価する能力；未来のために自身のビジョンを創造する能力；予防原則を応用できる能力；さまざまな行動の結果を評価する能力；リスクと変化を取り扱う能力
- 規範コンピテンス（normative competence）—自身のさまざまな行動に内在する規範と価値を理解し、省みる能力；利害関係、二律背反、不確実な知識、矛盾といった対立の文脈の中で、持続可能性に関する価値・原則・目標・達成目標を協議する能力
- 戦略コンピテンス（strategic competence）—ローカルレベルから遠く離れたところまでさらに持続可能性になるように、さまざまな革新的な行動を集合的に発展し実施する能力
- 協働コンピテンス（collaboration competence）—他者から学ぶことができる能力；他者のニーズ、展望、行動を理解し尊重できる能力（共感）；他者を理解し、他者に関わり、他者に配慮しようとする能力（共感的リーダーシップ）；グループにおける対立を取り扱うことができる能力；協働的、参加的な問題解決を促すことができる能力
- 批判的思考コンピテンス（critical thinking competence）—規範、実践、意見を問う能力；自分自身の価値、認知、行動を省みる能力；持続可能性の言説において立場をはっきりさせることができる能力
- 自己認識コンピテンス（Self-awareness competence）—地域社会とグローバルな社会において自分自身の役割を省みる能力；自身の行動を継続的に評価し更に動機づけできる能力；自身の感情や願望を取り扱う能力
- 統合的問題解決コンピテンス（integrated problem-solving competence）—異なる問題解決の枠組みを、複雑な持続可能性に関する問題群に応用する包括的な能力；持続可能な開発を推進するために実行可能で、包摂的で、公平な解決オプションを開発する包括的な能力；上述したさまざまなコンピテンスを統合する能力

事業であるグローバル・アクションプログラム（GAP：2015-2019）では、持続可能な社会の構築に資する資質・能力に関する知見の蓄積がなされた。UNESCOは、これまでの「国連・ESDの10年」の知見を基に、「持続可能な開発目標のための教育——学習目的」（Education for Sustainable Development Goals, Learning Objectives）を2017年に発表した（UNESCO 2017）。この文書は、「国連・ESDの10年」の一連の国際的議論を通して得られた持続可能な社会の構築に資する資質・能力論（Wiek *et.al.* 2011）[7]を基礎にして、以上の8つをUNESCOの「持続可能性キー・コンピテンシー」[8][9]とし

て発表している（**表2-1**）。

　表2-1からも分かるとおり、UNESCO（2017）の示す「持続可能性キー・コンピテンシー」は、"複雑な問題"をシステムとして捉え（システム思考コンピテンス）、時間軸によるシナリオを構築し（予測コンピテンス）、持続可能性という価値規範を構築し（規範的コンピテンス）、企画・立案・計画・実施（戦略的コンピテンス）を協働で実施し（協働コンピテンス）、常に変動性と不確実性、複雑性、曖昧性の高い状況下で批判的に物事を捉え（批判的思考コンピテンス）、変化しつつある状況下で自己を認識し（自己認識コンピテンス）、"複雑な問題"を統合的に解決する（統合的問題解決コンピテンス）意味において、"VUCA社会"に適応した持続可能な社会の構築に資する【資質・能力】と言えるだろう。

6　社会的学習（第三学派）

　さらに、"VUCA社会"に適応した持続可能な社会の構築に資する【学習形態】について、考察をしてみることとしたい。とりわけ、本節では、「新しい学習の柱」（UNESCO 2009）である「個人変容と社会変容の学びの連関」（**図2-3**）において、社会変容にむけた学びが個人変容にどう関係しているかについて考察を深めることとしたい。本節では、「国連・ESDの10年」の後半期において注目があつまり、今日その重要性が指摘されている「社会的学習」（social learning）について、その歴史的進展と内容、現在、特に注目がされている「社会的学習（第三学派）」のアプローチについて紹介をする。

　DidhamとOfei-Manu（2015）は、社会的学習理論の開発と歴史において、以下の三学派があることを指摘している。「社会的学習（第一学派）」の理論は、1960年代初期にBanduraにより開発され、社会認識理論、認知心理学の分野に基づいている。Banduraは、個人の行動に関する学習は、観察を通じて発生することもあることを示し、学習は社会的文脈で発生する認知プロセスであり、社会的通念に影響されると主張した（Bandura 1977）。このように、

社会的学習理論に関する認知心理学の学派は、個人がいかにして社会から学習するかを説明している。「社会的学習（第二学派）」の理論は、組織的学習と組織管理の分野で発展した。「社会的学習（第二学派）」の概念は、二重ループ学習（Double-loop Learning）についてはArgyrisとSchonの研究（1978）、行動学習プロセス（Action Learning Process）についてはRevansの研究（1982）において、それぞれ最初に提起された。しかしながら、「社会的学習（第二学派）」が実際に隆盛したのは、1990年代初頭に入ってからである（Wang & Ahmed 2002）。Senge（1990）のように、企業を構造化し、「学習する組織」（Learning Organizations）に発展させるための具体的な提案を行う上でこのアプローチを採用した研究者も存在した（Flood 1999）。「社会的学習（第二学派）」は、いかにして集団的学習とグループ学習が発生するか、また、それがグループメンバーの実社会での経験にどのように影響されるか、組織がいかに学習し適応するかという理解に導いている。

　「社会的学習（第三学派）」は、およそ10年前に誕生し、生態学的問題、天然資源管理、持続可能な開発の理論を適用したことで知られる。この新しいアプローチは、天然資源管理、参加型農村調査（PRA）、集団的な問題解決のアプローチとして、共同体への参加に関する初期の研究から生まれた。また、このアプローチの全体的な有効性を高めるために、実践共同体（CoP）（後述）、経験学習、問題基盤型学習（PBL）など、特定の教育学的教授法も生まれた。この「社会的学習（第三学派）」は、新しい持続可能な社会の構築にむけて、いかにして人々が集団的に考え、協議し、構想するかを検討している。そして、「社会的学習（第三学派）」は、「新しい、予想外の、不確実かつ予測不可能な状況で活動するグループ、共同体、ネットワーク、社会システムで発生する学習は、予想外の状況における問題解決に向けられ、このグループまたは共同体において有効な問題解決能力の最適利用によって特徴付けられる」と定義されており（Wildemeersch 1995 in Wildemeersch 2009: 100）、"VUCA社会（変動性、不確実性、複雑性、曖昧性）"に適応した持続可能な社会の構築に資する【学習形態】と言うことができるだろう。

7　変容を促すアプローチ

　ここでは、"VUCA社会" に適応した持続可能な社会の構築に資する【学習・実践アプローチ】について、考察をしてみることとしたい。とりわけ、「変容を促すアプローチ」に関する国際的議論において、注目されている３つの学習・実践アプローチを紹介する。その３つのアプローチとは、(1)実践共同体と学習共同体（community of practice, community of learning）、(2)協同的探究（cooperative inquiry）、(3)コミュニケーション的行為（communicative action）である。尚、以下で紹介する３つのアプローチについては、筆者（佐藤）とDidham R. 博士（現在、インランドノルウェー応用科学大学の持続可能な開発のための協働学習センター・ディレクター）との共著論文である、佐藤・Didham（2016）「環境管理と持続可能性な開発のための協働ガバナンス・プロセスへの「社会的学習（第三学派）」の適用に向けた理論的考察」の一部を引用して掲載するものとする。

（1）"実践共同体" と "学習共同体" の構築

　「実践共同体」（Community of Practice：CoP）とは「社会的学習（第三学派）」の理論であり、1991年にLaveとWengerが構築し（Lave & Wenger 1991）、1998年にWegnerがこれを発展させた。実践共同体とは、「共同の取組に対する専門性と情熱を共有することでインフォーマルに結びついた人々の集まり」と定義されており、［相互参画］（mutual engagement）、［共同事業］（joint enterprise）、［共有された領域］（shared repertoire）を前提としている。活動を遂行するために人々が集い、共同体自体が固有の実践形式を確立し、それを行う際に自分たちが参画する行動の意味について互いに交渉し、共通認識の構築をしていくという考え方に基づいている。「実践共同体」は、社会科学、教育科学、管理科学において状況的学習（Situated Learning）への有効なアプローチとして一般の支持を得てきた。Wegnerは、「実践共同体」の学習構造における中心的柱として、(1)［参画］（engagement）

——相互関係・能力・継続性、(2)［想像］(imagination)——指向性・内省・探究、(3)［調整］(alignment)——集約・強調・権限、を導入している（Wegner 1998: 237-9)。

　また、Hung と Chen は、効果的な「学習共同体」(Learning Community) の特徴として、(1)［状況依存性］(situatedness)（充実した社会的文脈に学習が組み込まれるときに、学習者は暗黙知と形式知を得る）、(2)［共通性］(commonality)（共有の目的意識と参加者グループの共通の関心の重要性を表す）、(3)［相互依存性］(interdependence)（様々なメンバーが、固有のスキル、専門知識、異なる要求によってグループ化されるときに確立）、(4)［基盤］(infrastructure)（実践共同体の継続に向けて参加を促進、説明責任を確保）を特定している。この研究はインターネット上の共同体において考察をしているものであるが、四つの特徴は広範な適用性を有していると言えるだろう（Hung and Chen 2001: 7)。上記に加え、Wegner (1998) が詳述したように、効果的な学習共同体の五番目の特徴として(5)［帰属］(belonging)を追加することにより、基本構造の理解をさらに深めることができる。

（2）"協同的探究"の深化

　「協同的探究」(Cooperative Inquiry)（協働的探究、Collaborative Inquiry とも言う）は、1970 年代に Heron と Reason により最初に開発された研究方法論に基づいている。協同的探究は、「参加型行動研究」(Participatory Action Research：PAR) と密接につながっており、三つの戦略（一人称——自身で、二人称——相手と、三人称——皆で）の各行動研究を提示している。とりわけ、皆で行う行動研究（三人称）は、探究共同体 (communities of inquiry) の創出を目指し、全メンバーが学習プロセスに積極的に参画する方法論的アプローチであるといえるだろう（Reason 2001)。このアプローチにより、「参加型行動研究」(PAR) は、三つの知識、(1)［表象型知識］(representational knowledge)（実証主義的な枠組に基づき最もよく研究される種類の知識）、(2)［関係型知識］(relational knowledge)（共感プロセス

と他者／他の事項の位置づけに直接関係することによって得られる知識、共同体での生活において重要）。(3)［内省型知識］（reflective knowledge）（自己発見を全体、善悪の観念に基づく判断、展望の重視、社会的な変化・変革において重要な役割を果たす）を創造することを意図している（Reason & Bradbury 2003）。

　このように、「参加型行動研究」（PAR）は、この三つの戦略（一人称、二人称、三人称）と三つの知識（表象型知識、関係型知識、内省型知識）を活用し、人間の福利を向上させ実際的な行動を促す一連の手法に基づいている。協同的探究は、このように一人称から二人称、三人称の行動研究へと移行する重要な手段の一つと見なされており、皆で行う「社会的学習（第三学派）」を支えるアプローチとして有用と言えるだろう。協同的探究では、卓越した研究は人々に関して（on）行うことはできず、人々と共に（with）行う必要があるということを前提にしている。「参加型行動研究」（PAR）に関わる研究者はグループのメンバーと共に取組むだけでなく、グループメンバーを動機付けし、促すことにより、行動と内省に基づく協働が求められていると言えるだろう。

（3）"コミュニケーション的行為"の拡充

　「コミュニケーション的行為」（Communicative Action）は、社会的理解や観点の論理的再構成を目指す相互／グループ協議の理論で、1980年代にHabermasが説いたものであった。Habermasは、Theory of Communicative Action（1981）において、コミュニケーションと協議に関する研究を深めた。「コミュニケーション的行為」は、自身が表明する考えや意思の内容に対して、相手の自由な納得と承認を求める行為であると言われている。「コミュニケーション行為」の重要性をHabermasが主張するのは、相互に自由に考えながら納得しつつ、お互いの関係性を構築していく可能性を求めるからだと言えるだろう。これは、何かの力によって相手の意思決定に影響を及ぼそうとする「戦略的行為」とは異なり、コミュニケーションを通して、相手との関

係性を構築していく点に特徴が見られる。さらには、「コミュニケーション合理性」（communicative rationality）という用語を用い、目的と手段との連関に基づく成果志向的な合理性と異なり、価値と規範に基づく強制のない同意や合意の重要性を指摘した。Habermasはさらに、「理想的な発話タイプ」の利用が民主主義的な参加をいかにして強化できるか、また、集団的な協議と意思決定を十分にサポートするために組織構造をどのように修正できるかについて考察をしている。

　McCarthyは「発話内行為の交換によって関係を確立することは、話し手と聞き手がその一連の行動について相互理解を達成することを可能にする。すなわち、生活の重要な領域において、競争ではなく協力できることを意味する」と指摘し（McCarthy 1994: 265）、「コミュニケーション的行為」が相互協力へ資する可能性を指摘した。このように、「協同的探究」と「コミュニケーション的行為」は、生活における現在の考え方や生活様式を検討し、実社会の状況と課題を顧み、持続可能な社会の構築に向けて、集団的な対話や協議を通じて、変革的な「社会的学習（第三学派）」のプロセスで、「実践共同体」を実現できるという理想を示していると言えるだろう。

　このように、上述した「変容を促すアプローチ」は、「社会的学習（第三学派）」の学習・実践アプローチとして位置付けられており、"VUCA社会"に適応した持続可能な社会の構築に資する【学習・実践アプローチ】と言えるだろう。

8　おわりに

　本章では、「"VUCA社会"に適応した持続可能な社会づくりに求められる能力観」と題して、「国連・ESDの10年」における国際的議論と筆者の国内外の経験に基づき、「新しい学習の柱」（第3節）、「ESDの構成概念とVUCA概念」（第4節）、「持続可能性キー・コンピテンシー」（第5節）、「社会的学習」（第6節）、「変容を促すアプローチ」（第7節）について考察を深めるも

のであった。とりわけ、本章では、"VUCA社会"に適応した持続可能な社会の構築に向けた能力観を、(1)【構成概念】（ESDの構成概念とVUCA概念）、(2)【資質・能力】（持続可能性キー・コンピテンシー）、(3)【学習形態】（社会的学習―第三学派）、(4)【学習・実践アプローチ】（実践共同体と学習共同体、協同的探究、コミュニケーション的行為）として整理をし、考察をしてきた。

　本書シリーズのタイトルで取り扱われている「社会的レジリエンス」を、ロックストローム＆クルム（2018）の指摘に基づいて「"VUCA社会"（変動性、不確実性、複雑性、曖昧性）への適応力」と筆者なりに解釈をした場合、その能力の強化には、まさに「国連・ESDの10年」の経験として蓄積されてきた知見を活かすことができる。ESDを「持続可能な社会の構築にむけた個人変容のための学び」という教育・学習的側面（人の能力形成）を重視する捉え方を超えて、"VUCA社会"に適応しつつ、持続可能な社会の構築に資する「個人変容と社会変容の学びの連関」として位置づけ、教育・学習的側面（人の能力形成）と社会的側面（社会参加と協働、多様な機能連関による社会のエコシステム[10]の構築）の両方を重視する能力観へと発想の転換が求められていると言えよう。

　なお、本稿は、佐藤・阿部（2007）、佐藤・阿部（2008）、佐藤（2011）、鈴木・佐藤（2012）、佐藤・岡本（2015）、佐藤（2016）、佐藤（2019a）、佐藤（2019b）、佐藤・Didham（2016）、佐藤・広石（2018）の論考に基づいて作成されている。特に、社会的学習（第6節）、変容を促すアプローチ（第7節）の説明部分については、佐藤・Didham（2016）から引用した。個々の内容の詳細については、各論文を参照されたい。

注
（1）鈴木・佐藤（2012）は、世界の基本問題は、貧困・社会的排除問題（人と人）と環境問題（人と自然）であるとし、その同時的解決の重要性を強調している。
（2）「国連・ESDの10年」国際実施計画（IIS）の内容、策定背景、7つの戦略については、佐藤・阿部（2007）、佐藤・阿部（2008）に詳しい。

（3）「国連・ESDの10年」の中間年会合における「ボン宣言」や「21世紀のESD」、「国連・ESDの10年」国際実施計画との比較考察については、佐藤（2011）を参照されたい。

（4）詳細は、佐藤真久（2016）「自己変容と社会変容の学びの連関─協働ガバナンスと社会的学習の相互連関に向けて」『環境教育学の基礎理論─再評価と新機軸』、法律文化社、181-195に詳しい。

（5）国立教育政策研究所（2012）は、ESDの学習指導過程を構想し展開するための枠組み（国研ESD枠組）として、（1）持続可能な社会づくり」を捉える6つの要素（構成概念：多様性【多様】、相互性【相互】、有限性【有限】、公平性【公平】、連携性【連携】、責任性【責任】）、（2）7つの能力・態度（批判的に考える力《批判》、未来像を予測して計画を立てる力《未来》、多面的・総合的に考える力《多面》、コミュニケーションを行う力《伝達》、他者と協力する態度《協力》、つながりを尊重する態度《関連》、進んで参加する態度《参加》）、（3）ESDの視点に立った学習指導を進める上での留意事項（教材のつながり、人のつながり、能力・態度のつながり）を提示している。

（6）「持続可能な社会づくり」の構成概念の抽出においては、ニュージーランド、オーストラリア、ドイツ、スウェーデン、中国、英国、バルト海沿岸諸国における国際比較に基づき議論が深められている。

（7）Wiek, A. *et. al.*（2011）では、「持続可能性キー・コンピテンシー」を、「実社会における持続可能性の課題、難問、機会」に関連する職務達成と問題解決で成功を収めることができる知識、技能、態度の複合体」と定義している。

（8）UNESCO（2017）の提示する「持続可能性キー・コンピテンシー」は、Wiek *et. al.*（2011）ほか、de Haan（2010）、Rieckmann（2012）に基づいている。

（9）今日では、これらの資質・能力を支えるものとして、社会的・情動的知性（SEI）（例：マインドフルネス、思いやり、共感、批判的探求）の重要性が指摘されている。

（10）筆者は、「社会のエコシステム」について、社会生態モデル（SEM）や結合的ケイパビリティ（combined capabilities）と関連づけて、佐藤・広石（2018）、佐藤（2019a; 2019b）などにおいて論考を深めている。

引用文献

Bandura, A.（1977）*Social Learning Theory*. Oxford: Prentice-Hall

de Haan, G.（2010）The development of ESD-related competencies in supportive institutional frameworks. *International Review of Education*, 56（2）, pp. 315–328.

Didham, R. J., & Ofei-Manu, P.（n.d.）, Social Learning for Sustainability: Advancing community-based inquiry and collaborative learning for sustainable lifestyles. *In* V. W. Thoresen, R. J. Didham, J. Klein, & D. Declan（Eds.）, *Responsible Living-- Concepts, Education and Future Perspectives*. Heidelberg:

Springer

Flood, R. L. (1999) *Rethinking "The Fifth Discipline" : Learning within the unknowable.* London: Routledge

Handley, K., Sturdy, A., Fincham, R., & Clark, T. (2006) "Within and Beyond Communities of Practice: Making sense of learning through participation, identity and practice". *Journal of Management Studies*, 43 (3) , pp.641-653

Hung, D. W. L., & Chen, D.-T. (2001) Situated Cognition, Vygotshian Thought and Learning from the Communities of Practice Perspective: Implications for the design of web-based e-learning. *Education Media International*, 38 (1), pp.3–12.

Lave, J., & Wenger, E. (1991) *Situated Learning: Legitimate peripheral participation.* Cambridge: Cambridge University Press

McCarthy, T. (1994) "The Critique of Impure Reason: Foucault and the Frankfurt School". *In* M. Kelly (Ed.), *Critique and Power: Recasting the Foucault/Habermas debate.* London: MIT Press

Reason, P. (2001) "The Action Turn: Toward a transformational social science". *In* J. Henry (Ed.), *Creative Management.* London: Sage Publications

Reason, P., & Bradbury, H. (2003) "Introduction: Inquiry and participation in search of a world worthy of human aspiration" . *In* P. Reason & H. Bradbury (Eds.), *Handbook of Action Research: Participative inquiry and practice.* London: Sage Publications

Rieckmann, M. (2012) Future-oriented higher education: Which key competencies should be fostered through university teaching and learning? *Futures*, 44 (2), pp. 127–135.

Senge, Peter M. (1990) *The Fifth Discipline: The Art and Practice of the Learning Organization*, Currency.

UNESCO (2005) *United Nations Decade of ESD (2005-14) International Implementation Scheme*, UNESCO, Paris, France

UNESCO (2009) *Bonn Recommendation*, UNESCO World Conference on Education for Sustainable Development, 31st March- 2 April 2009, Bonn Germany

UNESCO (2012) *Shaping the Education of Tomorrow*, 2012 Report on the UN Decade of Education for Sustainable Development, Abridged, UNESCO, Paris, France

UNESCO (2017) *Education for Sustainable Development Goals, Learning Objectives*, UNESCO, Paris, France

Wang, C. L., & Ahmed, P. K. (2002) *A Review of the Concept of Organisational Learning* (No.WP004/02) (p.19) . Wolverhamption

Wiek, A., Withycombe, L. and Redman, C. L. (2011) Key Competencies in

Sustainability: a Reference Framework for Academic Program Development, *Integrated Research System for Sustainability Science*, United Nations University, Springer

Wegner, E. (1998) *Communities of Practice: Learning, meaning, and identity.* Cambridge: Cambridge University Press.

Wildemeersch, D. (2009) Social learning revisited: lesson learned from North and South. *In* A. E. J. Wals (Ed.), *Social Learning: Towards a sustainable world* (pp.99-116). Wageningen: Wageningen Academic Publishers

ロックストローム・ヨハン＆クルム・マティアス（竹内和彦・石井菜穂子監修、谷純也・森秀行他訳）(2018)『小さな地球の大きな世界—プラネタリー・バウンダリーと持続可能な開発』丸善出版

国立教育政策研究所（2012）『学校における持続可能な発展のための教育（ESD）に関する研究—最終報告書』、国立教育政策研究所

佐藤真久・Didham Robert（2016）「環境管理と持続可能性な開発のための協働ガバナンス・プロセスへの「社会的学習（第三学派）」の適用に向けた理論的考察」『共生科学』7、1〜19ページ

佐藤真久・阿部治（2007）「国連持続可能な開発のための教育の10年の国際実施計画とその策定の背景」『環境教育』17（2）、日本環境教育学会、78〜86ページ

佐藤真久・阿部治（2008）「国連持続可能な開発のための教育の10年（2005〜2014年）国際実施計画（DESD-IIS）—DESDの目標と実施にむけた7つの戦略に焦点をおいて」『環境教育』17（3）、日本環境教育学会、60〜68ページ

佐藤真久・岡本弥彦（2015）「国立教育政策研究所によるESD枠組の機能と役割—「持続可能性キー・コンピテンシー」の先行研究・分類化研究に基づいて」『環境教育』25（1）、日本環境教育学会、144〜151ページ

佐藤真久・広石拓司（2018）『ソーシャル・プロジェクトを成功に導く12ステップ—コレクティブな協働なら解決できる！ SDGs時代の複雑な社会問題』、みくに出版

佐藤真久（2011）「ESD中間会合（ボン会合）の成果とこれから—ボン宣言の採択とDESD中間レビューに基づいて」中山修一・和田文雄・湯浅清治編著『持続可能な社会と地理教育実践』、古今書院、252〜260ページ

佐藤真久（2016）「国連ESDの10年（DESD）の振り返りとポスト2015におけるESDの位置づけ・今後の展望—文献研究と国際環境教育計画（IEEP）との比較、ポスト2015に向けた教育論議に基づいて」『環境教育』61（25-3）、日本環境教育学会、86〜99ページ

佐藤真久（2019a）「終章：SDGs時代のまちづくりとパートナーシップ」田中治彦・枝廣淳子・久保田崇編著『ESDとまちづくり』、学文社、263〜278ページ

佐藤真久（2019b）「パートナーシップで進める"地域のSDGs"」『SDGsの実践—自治体・地域活性化編』、115〜144ページ

鈴木敏正・佐藤真久（2012）「「外部のない時代」における環境教育と開発教育の

実践的統一にむけた理論的考察─「持続可能で包容的な地域づくり教育（ESIC）」
の提起」『環境教育』21（2）、日本環境教育学会、3〜14ページ

第3章

エイジェンシー的自由とコミットメント
―SDGs時代の「個人」と「社会」をめぐる理論考察―

米原 あき

1　はじめに

　SDGsは、私たち個人の在り方と社会の在り方の関係性を問い直す契機を投げかけている。ここで問われているのは、もはや、「便利に快適に暮らしたいと考える個人と、持続可能でレジリアントな社会との両立は可能か」という可能性の問いではなく、「いかにしてその両立を可能にするか」という実践上の方法論的な問いと、「その両立のメカニズムとはどのような原理のものか」という理論上の原理に対する問いである。再生可能エネルギーの普及やソーシャルビジネスの登場、行政による数々のSDGs支援政策などは、前者の問いに対する重要な方法論的・実践的アプローチであるといえるだろう。

　SDGs時代の課題に対する実践的な取り組みが、様々分野で加速度的に展開されている一方で、後者の問い、すなわち、これらの取り組みの本質を整理し、議論するための理論的な枠組みについても検討しておく必要があるだろう。なぜなら、SDGsはあくまでも期限付きの目標群であり、SDGsを実現することによって目指されるべきさらに上位の目的については、実は、SDGs自体は十分には語っていないからである[1]。SDGs時代の社会を創っていく個人とはどのような資質を持った個人なのか。それらの個人にとって

Key Word: エイジェンシー的自由、コミットメント、ケイパビリティ、ウエルビーイング、自己精査、コミュニケイション的合理性

の「善き生」とは何なのか。そのような個人と個人、あるいは個人と社会は、どのような関係性にあり得るのだろうか。もう10年もすれば確実にやって来るポストSDGs時代も視野に入れて、理論考察を深めておく必要がある。

　後者の問いに対する理論的な回答を試みるためには、個人や社会、そしてその両者をつなぎ機能させる駆動原理[2]——本章では合理性の概念に注目する——を問い直す必要があるだろう。後述するように、現代社会の強力な駆動原理である経済の論理を支えてきたのは、合理性についての自己利益説であった（Sen 2002b、邦訳: 24）。そこで想定される「合理的な個人」とは、自己利益の最大化を志向する個人を意味する。現代社会はそのような個人の集合によって構成されているという仮定の下、例えば国の豊かさを測る指標としてGNPやGNIなどの経済指標が用いられ、政治や個人の生活にも経済合理性の原理が働いていると考えられてきた。戦後、教育をはじめとする社会開発が世界各国で大きく進展した背景にも、「教育や健康に投資することによって人々の生産性が上がり、より効率的に利益を得ることができる」という人的資本論に基づく合理的判断が働き、教育や福祉に関する公共政策が展開されてきたと言えよう（Schultz 1971; Becker 1967、1993）。

　しかしながら、20世紀の終盤から現在に至るまで、このような潮流に対する疑問が様々な分野から提起されている。例えばセン（Sen 1982）は、人間が道徳的判断から、必ずしも自己利益に直結しない、いわば「（経済的には）非合理的な」選択や判断を日常的に行っているという現実を踏まえて、「純粋な経済人は事実、社会的には愚者に近い」として、このような合理的人間像を「合理的な愚か者（rational fool）」と呼んだ（Sen 1982、邦訳: 145-146）。確かに私たちはある種の共感に基づいて募金活動に参加したりする。それは、「純粋な経済人」の観点からすれば、自己利益の最大化原理に反する「非合理的な」行動であるが、日常の大半を自己利益中心に過ごしている個人であっても、このような行動をとり得るということを、私たちの多くは特段の違和感なく理解するだろう。さらに、環境問題やグローバルな格差問題がさまざまなメディアを通じて日常生活に入り込んでくる今日、「こちらの方が少

し高いけれど環境に配慮した商品を買おう」という消費行動をとったり、「地球の裏側でこんな取り組みを行っている、この人たちを応援しよう」とクラウドファンディングに参加したりする個人——本章で紹介する概念を用いて言えば、「エイジェンシー的自由を行使してコミットメントを果たす個人」——は、むしろ増えているのではないだろうか。40年ほど前になされた、「合理的な愚か者」に対する問題提起が、今なお有効な問いとして、SDGs時代の私たちに再考を迫っている。

　さらに社会のレベルでも、例えば広井（2009、2015）は、従来の「成長型社会」に疑問を呈している。広井は、近代化による発展を希求する新古典派のビジョンも、一見それに対立するかのようにみえる、マルクス主義に基づく従属論のビジョンも、ともに「限りない経済成長」を前提としている点では同類だったと指摘し（2009: 8-9）、量的拡大ではなく質的向上を目指す「定常型社会」の構築を提唱している。そこでは、「成長型社会」にみられるモノの生産と消費のサイクルを前提にするのではなく、情報や時間、あるいはソーシャル・キャピタルや絆と呼ばれる人と人との関係、そして本書のテーマにもなっている社会的なレジリエンスなど、従来の市場経済の枠組みでは捉えられない価値に基づいて社会を構成していこうとする動きが見られる。近年、日本でも広まりつつあるESG投資やソーシャルビジネス（水口 2017）、そしてそれらを組み込んだかたちで、産官学金民が連携・協働して社会をつくっていこうとする「SDGs未来都市」の取り組みなどはその一例と言えるだろう[3]。これらの新たな動きが、少子高齢化や地方創生など従来の社会課題とも相まって、「脱・成長型」の社会の在り方を模索する試みとなっているようにもみえる。

　このようなSDGs時代に想定される「個人」とはどのような概念なのか、また、その「個人」は、この時代の「社会」とどのように関わっていくのか。そして、その両者の動態的な関わりに働く原理とはどのような原理なのか。本章では、これらの問いに対して、経済学・政治哲学・社会学の各分野で展開する諸理論——具体的には、センの人間開発論、ヌスバウムのケイパビリ

ティの3層構造、そしてハーバマスのコミュニケイション的行為の理論——
の力を借りて、理論考察としての回答を試みる。

　本章の構成は以下の通りである。まず次節では、センのケイパビリティ・
アプローチに注目する。そもそもケイパビリティとはどのような概念なのか
を詳述し、上述の「エイジェンシー的自由」を含む自由概念について概説す
る。続く第3節では、ヌスバウムによるケイパビリティの3層構造の枠組み
を導入し、教育の位置付けについて検討する。センの自由概念とヌスバウム
の枠組みを統合することによって「広義の教育」の働きを考察し、この「広
義の教育」の働きが、ESDの本質であることを論じる。第4節では、ケイパ
ビリティとエイジェンシー的自由の観点から、現代社会の主流な意思決定原
理とされている経済合理性の限界を指摘する。「コミットメント」概念によ
って自己利益の最大化説の限界を示し、「自己精査」に基づく「コミットメ
ント」ができる個人をSDGs時代の個人の在り方として定位する。第5節では、
経済合理性の限界を補完する、SDGs時代の合理性としてハーバマスのコミ
ュニケイション的合理性に言及する。前章までに描出した個人、すなわち「エ
イジェンシー的自由を行使してコミットメントを果たす個人」がコミュニケ
イション的行為を通じて他者や社会と関わり、よりレジリアントな社会を構
築していくという方向性を展望する。

　本章では様々な概念を紹介し、それらを活用しながら上記の問いにこたえ
ていく。各節で概説する鍵概念は以下の通りである。これらの概念をSDGs
の文脈で紡ぎながら今後の展望を示し、併せてESDの役割について考察する。

　　第2節：エンタイトルメント、機能、ケイパビリティ、ウエルビーング、
　　　　　　本質的自由、道具的自由、エイジェンシー的自由
　　第3節：人間の中心的な機能的ケイパビリティ、ケイパビリティの3層構
　　　　　　造（基礎的・内的・結合的ケイパビリティ）、広義の教育
　　第4節：経済合理性、自己精査、コミットメント
　　第5節：目的合理性、コミュニケイション的合理性、コミュニケイション
　　　　　　的行為、同意、了解

2　人間開発論にみるケイパビリティ概念の整理

　本節ではまず、次節で検討するケイパビリティの3層構造の前提として、アマルティア・セン（Sen Amartya［印］1933-）の所論からケイパビリティとは何かについて詳述する。センのケイパビリティ・アプローチは、1980年代初頭に発表されたエンタイトルメント（権原）アプローチから発展した考え方で（Sen 1981）、国際開発の理論と実践の両分野に多大な影響を与えた。センの理論を国際開発の実践に導入しようとした国連開発計画は、1990年、当時の主流であった経済開発に対するオルタナティブとして「人間開発（Human Development）」という概念を打ち出し、以来毎年『人間開発報告書（Human Development Report：HDR）』を公刊している（UNDP 2019）。さらに1998年にノーベル経済学賞を受賞したのちに発表された著作のなかでは、ケイパビリティ・アプローチによる人間観をベースに、本質的自由、合理性、正義といったテーマに関する議論が繰り広げられている（Sen 2000、2002b、2009）。

　ケイパビリティ・アプローチ自体は1990年代に展開した考え方で、決して新しい考え方ではない。しかしながら、ケイパビリティ・アプローチに関連して提起された諸概念は、本章で後述するとおり、SDGs時代の課題を考える際に有効なひろい応用可能性を持っている。このような裾野の広さをもつケイパビリティ概念を理解するために、本節では、ケイパビリティ・アプローチの数理的な定義を紹介したあと、後節に関係する自由と合理性の概念に触れる。

（1）ケイパビリティ概念の数理的定義

1）機能とウエルビーング

　ケイパビリティ・アプローチを理解するためには、少なくともふたつの概念――機能（functioning）とウエルビーング（well-being）――を紹介する

必要がある。セン（1999）によれば、ウエルビーングとは、ある人が現実に達成している状態、すなわち、彼または彼女の状態（being）がいかに良い（well）かという問題に関係している。さらにより重要な点として、個人のウエルビーングは、彼または彼女がどれだけ裕福かということとは別の問題であるという（Sen 1999: 19）。センによれば、財の所有というのは、福祉実現にむけての手段であって、目的そのものではない。この考え方は、戦後の開発論において、手段と目的が安易に混同されてきた、すなわち、経済的な豊かさを実現することこそが開発の目的であるかのように錯覚されてきたことに対する警鐘でもあった。つまり、開発の目的はあくまでも個人のウエルビーングの実現にあり、財の所有については、その目的を達成するのに役立つ限りにおいて、道具的な価値が認められるにすぎないのである。

　このような目的の捉え方はSDGsの文脈にも当てはまる。なぜなら、SDGsも開発の一手段であり、それ自体が目的ではないからである。SDGsの17目標によって究極的に実現したいもの、それは「持続可能な地球社会」という舞台における、ひとりひとりの人間のウエルビーングであると考えられる。

　人間のウエルビーングは、「機能」の状態によって評価される（Sen 2002a: 37）。なぜなら、「生きることは、在り方や為すこと（beings and doings）からなる、相互に関連した『機能』によって構成されている」からである（Sen 1992: 39）。センによれば、機能とは、「人の福祉に寄与する可能性のある、実際に実現可能な選択肢」を意味し、人は機能を活用することによって、所有する財を効用や幸福へと変換し、個人のウエルビーングの向上に努めている（Sen 1992、1997a、1999、2002a; Yonehara 2009: 39-43）。

　　機能とはある個人の達成状態のことである：すなわち、彼または彼女が実現した行為や状態のことである。それはいわばその人の「状態」の一部を反映するものであり、それらの機能を実現するために使われる財とは区別されなければならない。例えば、自転車に乗ることは、自転車を所有することとは区別される必要がある。機能はまた、機能から得られ

る幸福からも区別される必要がある。例えば、実際に自転車を乗り回すことは、その行為から得られる喜びと同一視されてはならない。機能はこのように、⑴機能に先行する財の所有（そしてその財に対応する特徴）、および⑵重要な意味で機能に後行するところの効用（その機能の結果としての幸福）のいずれとも異なるものである。(Sen 1999: 7)

　日本語では「機能」と訳されているが、この言葉の原語は、既述のとおりfunctioningである。英語のfunctionには「機能」という意味だけではなく「関数」という意味があるが、「機能を活用して財を効用や幸福へと変換する」という発想はまさに、ある関数に数値を代入して値を変換するのと同じ発想に基づいている。ケイパビリティ概念の、そして次節で概説する 3 つのケイパビリティの本質的な理解のため、やや遠回りに感じられるかも知れないが、機能と、機能の集合体としてのケイパビリティについての数理的な定義をここで解説しておこう。

2）財ベクトルと特性関数

　センは、機能の概念を、下式（A）のように定義している。$Q_i(x_i)$ は、b_i というベクトルの集合を表すが、このベクトル b_i がセンのいう機能であり、その機能ベクトルの集合体である $Q_i(x_i)$ がケイパビリティである。そして、この機能の集合体の充実度でもって測られるのがウエルビーングである。まずは式（A）の構成要素について説明し、式（A）の意味するところを解釈していこう。

$$Q_i(x_i) = \{b_i \mid b_i = f_i(c(x_i), \ f_i(*) \in F_i かつ x_i \in X_i\} \quad \cdots (A)$$

式（A）を構成する要素の定義は以下のとおりである。

　　x_i＝ある個人 i が所有する財のベクトル（例：個人 i が所有する自転車）。ただし、$x_i \in X_i$。すなわち、ある財 x_i は、個人 i が現実に利用可能な財

の集合Xiの一部であると定義する。

> Xi＝個人 i が所有する財のベクトル（xi）の集合であり、個人 i はこの
> 集合内に含まれる財であれば、いずれの財でも選択することができる
> （例：個人 i が所有する自転車や靴などのうち、個人 i が実際に利用可
> 能な財）。

「xi∈Xi」の数学的な意味としては、「xiはXi の部分集合である」という
ことを表す。人は財に対する権利を持つが、その際、その財は、ある個人 i
によって法的に所有され、またそれだけではなく、その個人 i によって自由
に利用できる状態でなければならない。この状態を、「その個人がその財に
対する『権原』を持った状態である」という[4]。この仮定は、特定の社会
的サブ・グループに属する人々が、必需品に対してさえも権原を持つことが
許されない状況を想定して定義されている。例えば、自転車という財を所有
していても、それを自分の判断で自由に使えない状況下に置かれていた場合、
権原が剥奪されている可能性がある。近年まで女性であることを理由に車の
運転が禁じられていたケースがあったことなどを想起されたい。また、ここ
でいう財には無形のサービスも含まれる。

> c(*) ＝財ベクトル（xi）を、その財の特性を示すベクトルに変換する「特
> 性関数（characteristic function）」（例：自転車という財を所有し、使
> 用することができる個人 i が、身体的に健康であり、自転車に乗ること
> によって、「早く快適に移動できること＝自転車の特性」）。ただし、こ
> の関数は必ずしも線形ではない。

財は、その財の持つ特性が引き出されてこそ役に立つ。例えば自転車はそ
れ自体としては単なる鉄の塊であり、自転車に乗ることができる個人によっ
てその特性（例えば「迅速に移動できること」など）が引き出されてはじめ

て有用なものとなる。「特性関数（c(∗)）」は、ある個人 i がある財（xi）から引き出すことのできる特性を計算する関数である。また、関数c(∗) は、その個人に固有の特性によって、二次関数、三次関数などでもあり得るため、必ずしも線形では無い。たとえば、自転車の例で考えると、生まれつき筋肉質で運動神経の良い個人は、そうでない個人に比べて、累乗比例的により多くの効用を引き出す事が出来る可能性がある。逆に、関数c(xi) は、個人 i が身体的な障害を持ち、自転車を運転できない場合には、自転車を所有していても、そこからその特徴を引き出すことができない可能性がある。したがって特性関数は、各個人に享受される財の「実際的に実現可能な特徴」を決定する関数であるといえる。

3）効用関数と機能ベクトル

しかしながら、特性関数がその個人のケイパビリティをあらわすわけではない。個人のケイパビリティを左右するのは、財や特性関数のみならず、その個人が置かれた社会環境的な条件にもよるからである。この点は以下のように説明される。

fi(∗) ＝個人 i が実際に実現可能な、財（xi）の利用の仕方を反映する「効用関数（utilization function）」（例：自転車を使うことで遠方の学校にも快適に通えるという効用）。この関数は、上記の特性関数c(∗) によって変換された財xiが示す特性ベクトル（characteristic vector）から算出され、後述の機能ベクトルbi（functioning vector）を定義する。

Fi＝効用関数fi(∗) の集合であり、個人 i はこの集合内に含まれる関数であれば、いずれの関数でも選択することができる（例：自転車を使うことで遠方の学校にも通えるという効用や、隣町の市場まで買い物に出かけられるという効用など、個人 i が実際に実現しうる財の活用方法）。

財ベクトルの定義と同様、「fi∈Fi」の数学的な意味としては、「fiはFiの部分集合である」ということを表す。たとえ個人 i が自転車に対する権原、つまり「所有と支配」を持っていたとしても（xi）、また、その個人が自転車に乗ることが可能な状態だったとしても（c（xi））、そこから直接的に個人 i が自転車の効用（fi（*））を生み出せるとは限らない。ある個人 i が自転車で学校に通うという例に照らしてみれば、例えば、個人 i が性差別のある社会に生きる少女であった場合、自転車に対する所有権があったとしても、また、身体的に健康で自転車に乗れたとしても、「女子は教育を受ける必要がない」という慣習によって、「通学」という効用については、関数fi（c（xi））はゼロ効用を生み出す可能性がある。さらに、効用関数fi（*）は、唯一の機能ベクトルを決定するものではなく、様々なパターンの効用を産出しうる。たとえば、自転車に乗るということは、通学という効用だけではなく、買い物や旅行という効用を生みだす可能性がある。

　以上の定義をふまえると、個人 i が財xiを用いて獲得できる機能（bi）は、次のように表現される。

bi = fi（c（xi））

　この機能ベクトルbiは、特性関数や効用関数によって変換された財でもって、個人 i が現実に実現している状態（being）を反映しており、これによってその個人のウエルビーングの程度が評価される。そして、このような機能ベクトルの集合がケイパビリティ（Qi（xi））なのである。例えば、ひとりの女子が自転車で通学し、制服や教科書などの必要な道具をもって学校で勉強するという状況には、教育サービス（学校や教員の存在を含む）や制服、教科書、鉛筆、自転車といった財の存在と、それらがその少女にとって現実的に活用可能であるという権原の保障と、その少女がそれらの財の特性を十分に引き出すことができるという身体的・物理的条件と、その少女が「通学」や「学習」という効用を得ることができる社会文化的な環境が整っているということが含意されている。何気ない私たちの日常のあらゆる場面で、私た

ちはこれらの機能を用いて、そして時には複数の機能を組み合わせて——複数の機能ベクトルによる合成ベクトルを用いて——自らのウエルビーングを実現しているのである。

4）ケイパビリティ・アプローチにおける「幸福」の位置づけ

最後に、式（A）には含まれていないが、上記の引用で「機能はこのように…（2）重要な意味で機能に後行するところの効用（その機能の結果としての幸福）のいずれとも異なる」と説明されている点について解説しよう。ケイパビリティ・アプローチは、幸福などの主観判断を「機能に後行する」ものとして以下のように定義している。

$$u_i = h_i\,(f_i\,(c\,(x_i))) = h_i\,(b_i)$$

h_i（*）＝個人 i によって達成された機能（b_i）によってもたらされる、個人 i の「幸福関数（happiness function）」（例：個人 i が自転車に乗ることによって得られる幸福感）。

ベクトルu_iは、幸福関数（h_i（*））によって定義される幸福ベクトルである。個人 i が自転車に乗ることによって効用を得ることができたとしても、それが直接的に彼または彼女に幸福をもたらすわけではない。たとえば、お下がりでもらったあまりに古い自転車に乗ることを不快に思ったり恥ずかしく思ったりすることもあり得るし、場合によっては、「こんな自転車に乗るくらいなら歩いていく方がましだ」と思うこともあるかも知れない。セン（1999）は「自分の衣服などを恥じないで生活する能力は、少なくとも、アダム・スミスやカール・マルクスまで遡って、重要と見られてきたもう一つの点である」と述べ、人間の尊厳の重要性を主張している（Sen 1999: 31）。

ここでこの個人の人生全体を「価値付けすること」と、その個人の人生から生成された「幸福を測定すること」は、二つの異なる行為である事に注意

する必要がある。幸福というのはあまりに主観的な物差しであり、また、幸福を物差しとして人生全体を評価すると、「十分な食糧を持たず、栄養失調であり、寝る家もなく、病気である人が、わずかの慈悲に対して喜びを見出すことに慣れ、『現実的』な望みしか持たないように学習してしまっている場合、彼または彼女の幸福の程度や満足感の程度は、なお高い位置にあるかも知れない」(Sen 1999: 14) からである。したがって、機能の集合（Q_i（x_i））には、u_iというベクトルは含まれていない。ベクトルu_iの定義によれば、個人の幸福は機能ベクトルb_iに依存するが、その逆ではないということである。

（2）ケイパビリティ・アプローチの全体構成

　式（A）の定義から、機能ベクトルb_iは、主として３つの関数とベクトル——財ベクトル（x_i）、特性関数（$c(*)$）、効用関数（$f_i(*)$）——から構成されることが分かった。すなわち、下図に示す通り、財（モノ・サービス）の投入があり、その財の特性を引き出す個人の能力や特徴があり、その財とその個人が置かれた社会的文脈があって、そこで発揮される機能の充実度は変わってくる。個人のウエルビーングを考える際には、少なくともこれらの構成要素の相互関係・相乗関係を考慮しなくてはならない。たとえ投入される財が「平等」であったとしても、個々人の特性関数や効用関数が異なれば、そこから得られる「ウエルビーング」や、さらにその結果としての「幸福」

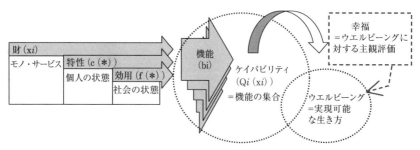

図 3-1　ケイパビリティ・アプローチの全体構成

出典：筆者作成

は必ずしも公正な形で実現するとは限らないからである。ここに示された個人と社会の関係性に対する視点が、次節で紹介するケイパビリティの3層構造に関連してくる。

こうして人間のケイパビリティは、機能の集合（$Q_i(x_i)$）として定義されることが明らかになった。既述のとおり、私たちは多数の機能ベクトル（b_i）を持ち、また、それらを組み合わせてさらに無数の機能を発揮しながら、日常生活を送っている。「$f_i(*)\in F_i$かつ$x_i\in X_i$」の条件が示す通り、私たちの選択は無限ではなく、所有している財は有限でありかつ時に制約を受けており、また、効用を生み出す個々の能力の限界や社会的制約も存在する。それらの現実的な側面を含め、式（A）で定義されるケイパビリティとは、単なる「個人の能力」ではなく、ある個人が、その人自身のウエルビーイングを実現するために現実的に可能な選択肢、すなわち、社会的条件や環境要因まで加味した、実質的な意味におけるその個人の「自由」を示している（Sen 1992: 49; 2002a: 38）。この考え方が後述する「本質的自由（constitutive freedom）」の基礎となる。

したがって、ケイパビリティ・アプローチは、「本質的な自由へのアプローチ」と呼ぶことができる。それは、個人の生の在り方を包括的な視点から検討することによって、財の公正配分や自由の抽象理念にとどまらない、本質的かつ実際的な人間の自由に言及している。またそれは、人間の生——人の在り方や為すことを包摂する「生」全体——に関する自由へのアプローチなのである。以下、本章では、ケイパビリティの発動主体として「個人」を捉えるものとする。

（3）本質的自由・道具的自由・エイジェンシー的自由

ケイパビリティ・アプローチにおいて、センは「個人がなし得る実際的な選択」として自由を捉えていたが、「選択のいかなる拡大も、自由の拡大とみなすべきか」という問いに対するセンの答えは「否」である。すべての選択が、常に、ある個人にとって有意義なものであるとは限らず、また、「不

利益な選択（disadvantageous choice）」（Sen 1992）はその個人の時間やエネルギーを浪費し、「選択しないという選択」を阻害することにもなり得るためである。このような「不利益な選択」を含まない選択の自由を享受するためには、自分にとって何が価値のある選択なのかを理解していなければならない。つまり、個人は、後述する「広義の教育」によって、「自分にとって価値のあるもの」に対する「よい選択」をする能力を獲得する必要がある。ここに、個人の自由の実現と、その必要条件としての教育との関連性が発現する。

　このように、その個人にとって価値のある生き方・在り方を実現する自由を、セン（2000）は、自由の本質的役割（constitutive role）と呼んでおり、本質的自由とは、個人の生活や人生を豊かにするための「究極的な開発の目的としての、人間の自由の内在的な重要性（the intrinsic importance of human freedom）」を意味するとしている（Sen 2000: 37）。また、センは、本質的自由を実現する手段としての道具的な自由、すなわち、自由の道具的役割（instrumental role）についても言及している。つまり、「自由の拡大は、開発の(1)第一義的な目的、そして、(2)主要な手段の両方としてみなされる」のである（Sen 2000: 36）。道具的自由とは、「様々な種類の権利、機会、権原が、人間の自由の拡大に貢献し、開発を促進する方途」をいう（Sen 2000: 37）。道具的自由の具体的な内容として、次の5類型が挙げられている。

表3-1　道具的自由の5類型

1）政治的自由：誰が統治し、何が原則であるべきかについて、人々が決定する機会
2）経済的自由：消費・生産・交換のために、各個人が経済的な資源を活用する機会
3）社会的機会：個人の本質的自由に影響を与える、教育や保健等の社会的な制度や機会
4）透明性の保証：政治腐敗・財政的無責任・不正取引の防止等の、開放性への要求
5）安全保障：絶対的貧困に苦しむ人々に対する社会保障

出典：Sen 2000 より筆者作成。

　センが類型化した道具的自由の要素は、特に新奇なものではなく、多くはすでに政治学や経済学の理論の中で議論されてきたものである。さらに言えば、SDGsの17目標がこの5類型と整合的に重なることも見て取れるだろう。

しかしながら、センの視点の独自性は、これらの要素を「人間の本質的自由の拡大」という開発の究極目的に貢献すべき道具として収束させた点、すなわち、開発にまつわる多様な要素に対して、包括的な理論枠組みを与えた点にある。そして、後述するように、その理論枠組みの中に「教育」の役割を位置づけることができる。

　以上の本質的自由 - 道具的自由という、開発の目的 - 手段としての自由に加えて、センは、エイジェンシー的自由（agency freedom）という、必ずしも自分のウエルビーングの向上に直接的には寄与しない種類の自由も定義している（Sen 1992: 56-62）。センによれば、人間には、自分自身のウエルビーングの向上を求める側面と、エイジェンシーとしての選択を行う側面があり、前者においてはウエルビーング的自由が行使され、後者においてはエイジェンシー的自由が行使されるという。ここでいうエイジェントとは、通常の意味で言われる「代理人」とは異なり、外在的な評価基準にとらわれず、自分自身の価値観によってその達成度が評価されるような目的意識と価値観のもとに行動し、たとえその結果が自身のウエルビーングと直接関係しなくても、自分が必要だと考える変化をもたらすことができる個人を指す（Sen 1992: 56; Sen、2000: 18-19）。この定義に照らせば、本章の冒頭で挙げた、「少し高くても環境に配慮した商品を買おう」とする行為や「地球の裏側で頑張っている人たちに投資しよう」とする行為は、エイジェンシー的自由の行使であるということができる。

3　3つのケイパビリティと教育の位置づけ

　前節では、アマルティア・センの所論を手がかりとして、「個人」をケイパビリティの視点から捉え直した。さらに、SDGsを含む開発の究極的な目的は、人間のウエルビーングの向上にあること、そして、ある個人のウエルビーングが向上するということは、すなわち、その個人の本質的自由の拡大を意味するという論理を説明した。さらに留意すべきは、個人は自らのウエ

ルビーングの向上を目指す「ウエルビーング的自由」のみならず、自分が価値を認める目的に対するエイジェントとなり、必ずしも自分のウエルビーングに直結しない行為を選択する「エイジェンシー的自由」も持っているという点である。

　これらを踏まえて、本節では、センの人間開発論から強い影響を受けた政治哲学者、マーサ・ヌスバウム（Nussbaum Martha［米］1947-）の議論をもとにケイパビリティの類型化を行い、教育の位置づけと役割を明確にしたい。これによって、SDGsの教育目標に含まれるESDを、ケイパビリティ・アプローチの枠組みの中で再考する契機が得られるだろう。

（1）人間の機能的ケイパビリティ・リスト

　ヌスバウム（1992）は、アリストテレス原理主義に基づく人間観から、センのケイパビリティ・アプローチを評価している。アリストテレス原理主義に基づく人間観とは、すなわち、「わたしたち人間は、時間や空間の違いを超えて、そこにどんな違いがあろうとも、他の人々を人間として認識することができる」（Nussbaum 1992: 215）という人間存在の普遍性を信じる立場であり、それゆえに、「わたしたち人間は、それが無ければ、どんな個人も人間としての生活を送り得ないという条件についての、一般的な合意に至ることができる」（Nussbaum 1992: 215）と考える。つまりヌスバウムは、すべての人間に、人間らしい生活を保障するための「普遍的な敷居（a universal threshold）」が存在すると主張しており、公共政策はこの「*基本的な人間のケイパビリティ（basic human capabilities*：原文斜体）の敷居」を保障すべきであると述べている。また同時に、「人間とは、適切な教育と適切な物的サポートを得て、人間としての機能を果たすことができるようになる、そういう生き物である」（Nussbaum 1992: .228）として、人間が人間らしく生きていくために必要な条件として、特に教育の役割に注目している。それでは、人間らしい生活に不可欠な「普遍的な敷居」としてのケイパビリティとは具体的にどのようなものを指すのだろうか。センのケイパビリティ・

表3-2　人間の中心的な機能的ケイパビリティ
(Central Human Functional Capabilities)

1. 生命（Life）：通常の寿命まで人間生活を全うする能力
2. 身体的健康（Bodily health）：身体的に健康な状態を保つ能力（リプロダクティブ・ヘルスを含む）、十分に栄養が得られる能力、十分な住居を持つことができる能力
3. 身体的保全（Bodily integrity）：自由に移動できる能力、主権者として扱われる身体を持つこと、すなわち、性的暴力や子どもに対する性的虐待・家庭内暴力などの暴力の恐れが無いこと、性的満足の機会や家族計画に対する選択権を持っていること
4. 感覚、想像、思考（Senses, imagination, and thought）：感覚を使うことができる能力。想像し、思索し、論理的に考えることができる能力。また、それらのことが、十分な教育によって育まれた「真に人間的な」方法で行える能力。十分な教育とは、識字教育、基礎的な数学と科学的なトレーニングを含むが、これらに限られるものではない。自分の選択、宗教、文学、音楽などの自己表現の作品を創ったり活動を行ったりする際に、想像力や思考力を使うことができる能力。政治や芸術に関するスピーチにおいて、表現の自由と宗教的な実践の自由が保障された状態で、精神活動ができる能力。自分なりの方法で人生の意味を探すことができる能力。楽しい経験をし、不要な辛さを回避することができる能力。
5. 感情（Emotions）：自分自身以外のひとやものに愛着をもつ能力。私たちを愛し、ケアしてくれる人たちを愛することができる能力、またそのような人たちの不在を嘆くことができる能力。概して、愛し、嘆き悲しみ、何かを願ったり、感謝したり、正当な怒りを経験したりできること。極度の恐怖や不安、あるいは虐待やネグレクトによるトラウマ体験によって感情的発達が阻害されないこと。
6. 実践理性（Practical reason）：善の概念を形成し、自らの人生の計画について批判的に検討できる能力。
7. 所属（Affiliation）
-A. 他人と共に、また、誰かのために生きる能力。他人を認識し、関心を示せる能力。多様な形態の社会的な交流に加われる能力。他人の状況を想像することができ、その状況に同情できる能力。正義と友情両方のケイパビリティを持てること。
-B. 自尊心と、ひととしての尊厳が守られた社会基盤を持つ能力。他人と同等の価値を認められた存在として扱われること。これは、人種、性別、性的指向、宗教、カースト、民族、出身国に基づく差別から保護される、最低限の権利があることを意味する。労働については、実践理性を働かせ、他の同僚との有意義な相互関係のなかで、人間らしく働くことができること。
8. 他の生命・種族（Other species）：動植物や自然界との関係そして関心を持って生きる能力
9. 遊び（Play）：笑い、遊び、余暇活動を楽しむことができる能力
10. 自らの環境に対するコントロール（Control over one's environment）
-A. 政治的（Political）：自分の生活を統制する政治的選択に、影響力をもって参加できる能力。政治参加の権利を持っていることや言論と結社の自由が護られていること。
-B. 物質的（Material）：形式的にだけではなく、現実の機会として、財産を保持する能力。他の人と同じ基準で財産権を持っていること。他の人と同じ基準で雇用を探すことができること。不当な捜索や押収に怯えずにいられること。

出典：Nussbaum 2000、pp.78-80 より筆者抄訳。

アプローチが抽象的なレベルで議論を展開していたのに対し、ヌスバウム（2000）は表3-2のような具体的なリストを提示している。

　ヌスバウム（2000）によれば、このリストは3つの特徴をもつ（p.77）。第一の特徴は、このリストは決定的なものではない、すなわち、改善の柔軟

性を備えたリストであるという点である。「公共政策によって保障されるべき普遍的な敷居が存在する」という認識は、ヌスバウムの視点からすると決定的で動かしがたいものであるが、だからといってリストに挙げられた項目を固定的なものと考える必要はない、ということである。

　第二の特徴は、このリストの項目はすべて同じ重みを持っているわけではない、すなわち、ある項目はほかの項目よりもより根源的であるという点である。例えば、自らの生命や身体的健康に関わる能力は、遊びや他の動植物のいのちに関わる能力よりも、個人の生活にとってより根本的な条件であると考えられる。このような捉え方が、次節で紹介するケイパビリティの3層構造の基盤となっている。

　最後の特徴は、このリストに挙がっているケイパビリティは「多元的実現可能性（multiple realizability）」を備えている、すなわち、その土地、その文化、その環境によって、そのケイパビリティのあらわれ方は多様であり得るという点である。例えば、リストの中に挙げられている「識字教育」で何語を教えるのか、誰が、どのようにして、どこで教えるのか、といった実現可能性はそれぞれの社会的文脈によって多様であり得る。リストの存在の普遍性を主張しながらも、このリストが特定の価値の押しつけにならないための概念装置が、この多元的実現可能性という考え方なのである。換言すれば、多元的実現可能性を上記リストの特徴のひとつに数えることによって、このリストの普遍性が担保されているといえよう。

　以下では、このリストの内容と特徴を踏まえて、教育の働きとの関連を考えてみたい。

（2）ケイパビリティの3層構造

　ヌスバウム（2000）は、ケイパビリティには3つのタイプが存在すると説明しているが（pp.84-86）、それは、単純に上記のリストに挙がった項目を3つのカテゴリーに分けるという意味ではない。例えば、「生まれたばかりの子どもでも（中略）話す能力や、愛し、感謝する能力や、実践理性を働か

結合的ケイパビリティ	①社会環境（法、制度、歴史文化的慣習などを含む） ②社会制度上の条件整備 ③参政権に基づく政治参加 ➡「言論の自由のもとで政治的演説ができる
内的ケイパビリティ	①他者 ②広義の教育（LLL，NFE[1] を含む） ③識字能力や自己表現力 ➡「自己表現としてのスピーチができる」
基礎的ケイパビリティ	①自己 ②ウエルビーングの前提条件 ③生命の安全、衣食住の保障➡「健康で話ができる」

図3-2　ケイパビリティの3層構造

出典：米原 2012、p.91 より筆者作成

注：1)①関係性　②条件　③具体例

　　2) LLL（Life Long Learning：生涯教育）、NFE（Non Formal Education：ノ
　　　　フォーマル教育）を指す。

せる能力や、働く能力を持っている」（p.84）と考えられる。**図3-2**には、ケ
イパビリティの3層構造と、それぞれの層で想定される関係性（①）、それ
ぞれのケイパビリティが機能するための条件（②）、そしてそれぞれの具体
例（③）が示されている。これらの能力が初歩的なレベルにあるとき、それ
らは「基礎的ケイパビリティ（basic capabilities）」と呼ばれる。基礎的ケ
イパビリティは、それ自体がより高次のケイパビリティを修得するための前
提条件であり、同時に、道徳的な配慮（moral concern）の基礎をなす条件
でもある。例えば、衣食住の保障などが挙げられる。このケイパビリティを
支える主要な関係性は「自己」である。

　基礎的なケイパビリティが次なる段階——内的ケイパビリティ（internal
capabilities）と呼ばれる段階——に達するためには、「他者と遊ぶことや、
愛すること、政治的選択を行うことを学ぶ過程で、周囲の支援を得て」
（Nussbaum 2000: 84）育成されることが必要となる。例えば、幼い子ども
の初歩的な「話す能力」や「実践理性を働かせる能力」は、外的な支援を受

けて、「識字能力」や「論理的思考力」へと成長していく。つまり、基礎的ケイパビリティが高次の機能へと発展するためには、他者からの働きかけ、すなわち、学校教育に限定されない広い意味での教育（広義の教育）が必要であり、それがこの段階で想定されている。

　しかしながら、どんなに高度に「識字能力」や「論理的思考力」を発展させることができたとしても、例えばその個人が移民であり、彼が暮らす社会が移民に選挙権を認めていなかったら、彼は「政治的コントロール＝投票による政治参加」というケイパビリティを発揮することはできない。個人がケイパビリティを行使しようとする際にそれを阻害したり、場合によっては逆に促進したりするような、法や制度や慣習などを含めた社会的条件まで考慮したケイパビリティを、ヌスバウムは「結合的ケイパビリティ（combined capabilities)」と呼んでいる。センによるケイパビリティの定義を思い起こせば、集合Fiの範囲や効用関数fi（＊）の質が、ここで規定されていると言えよう。つまり、ある個人をとりまく環境が、個人のウエルビーングや自由に影響を与えているのである。

　さらにこれら３つの段階は一方通行ではなく、高次のケイパビリティの開発が、前段階のケイパビリティをより発展させる可能性もあり、人間のケイパビリティの開発という活動は、循環的・動態的なシステムの自己発展の過程であるとみなすことができる。例えば、「健康で話ができる」という基礎的ケイパビリティは、広義の教育によって「自己表現としてのスピーチができる」という内的ケイパビリティに発展する可能性があり、またさらに法的・制度的な条件が整っていれば「言論の自由のもとで政治的演説ができる」という結合的なケイパビリティにまで高められる可能性がある。そして、政治的演説という結合的ケイパビリティの発展が、自己表現のためのスピーチ能力という内的ケイパビリティの質を高めることも十分あり得るだろう。

（3）ケイパビリティ・自由・広義の教育

　ケイパビリティの３層構造に、センの言う３つの自由の概念——本質的自

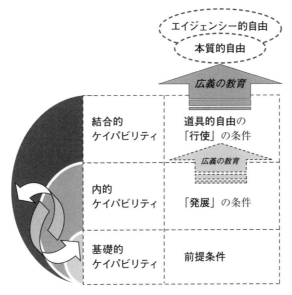

図 3-3　ケイパビリティの3層構造と本質的自由

出典：筆者作成

由・道具的自由・エイジェンシー的自由──を導入すると、以下のように説明できる（**図3-3**）。

　人間開発の前提条件である基礎的ケイパビリティは、道具的自由の前提条件でもある。また既述のとおり、センは教育や保健などの社会的機会を道具的自由の一部に数えていることから、内的ケイパビリティは道具的自由を「発展」させるための方途でもある。最後に、結合的ケイパビリティは、「自分にとって価値があると思う選択を行い、自分にとって価値のある生を実現する自由」としての本質的自由を、法や制度といった現実の社会的文脈のなかで実現するために必要な能力であることから、結合的ケイパビリティは道具的自由の「行使」に際して不可欠な能力であると言える。

　さらにこれらの能力は、前項で説明したように、「循環的・動態的なシステムの自己発展過程」として互いに影響を与え合いながら、一方的な包含関

係を越えて、ダイナミックに機能し得る。例えば、障がいなどによってある種の基礎的ケイパビリティが不十分であっても、その個人のニーズに見合った各種の条件（「広義の教育」や「社会制度上の条件整備」）を適切に満たすことによって、その個人の道具的自由の「発展」や「行使」を促すこともできるだろう。したがって、これらのケイパビリティは、必ずしも段階的な関係にはなく、動態的に関連し合い、補い合いながら、本質的自由の実現に向かって発展していく。

　前節のセンの議論によれば、道具的自由と本質的自由は、自分自身のウエルビーイングの向上に資する、ウエルビーング的自由である。ではエイジェンシー的自由はどのように位置づくのだろうか。外在的な評価基準によらず、自分自身の価値観によって行動し、たとえその結果が自身のウエルビーングと直接関係しなくても、自分が必要だと考える行動を選択する自由——これがエイジェンシー的自由の定義であった。この定義から明らかなように、エイジェンシー的自由は、その個人の批判的な思考力や実践理性はもちろんのこと、彼/彼女が置かれた社会状況への深い理解や洞察、そして現実的な行動を起こし得る諸条件が整っていなければ行使できない高度な自由である。したがって、エイジェンシー的自由は「道具的」というよりは、より「本質的」な自由である。

　さらに重要なことは、エイジェンシー的自由の行使は、「変化をもたらす」というその特性により、他者の結合的ケイパビリティに否が応でも影響を与えるという点である。例えばあなたがエイジェントとして起こした行為によって、これまで認められていなかった移民の投票権が認められるようになったとしたら、その「変化」はその地域に暮らす移民の人々の結合的ケイパビリティに影響を与え、彼らの道具的自由を拡大させる。センの人間開発論自体は、社会や他者との繋がり方についての説明は十分ではないが、ヌスバウムの枠組みと統合して解釈することにより、すなわち、結合的ケイパビリティを個人と社会との結節点と捉えて考察することにより、個人と社会との繋がり方を説明することが可能となる。

　この枠組みに基づき、本章では、「内的ケイパビリティの一部でありながら、結合的ケイパビリティ、ひいては本質的自由への移行を促進する推進力」として「広義の教育」を定位する。ここで「広義の」という形容詞を付すのは、ここで言う「教育」は学校教育や定式化された教育だけではなく、非公式の教育活動（ノンフォーマル教育）や日常生活に織り込まれた学び（インフォーマル学習）も含むためである⁽⁵⁾。前掲のヌスバウムのリストによれば、「感覚・想像・思考」の項目に「教育」や「識字」、「理数トレーニング」が含まれている。このことから、「教育」（の成果）は内的ケイパビリティの一部とみなされる。また、内的ケイパビリティの特性については、「他者と遊ぶことや、愛すること、政治的選択を行うことを学ぶ過程で、周囲の支援を得て」（Nussbaum 2000: 84）育成される能力と説明されている。つまり、人間開発論における「教育」は、識字能力や計算能力のように、その成果が直接的に潜在能力のひとつとして数えられると同時に、政治的選択のような、他の様々な潜在能力を全体的に向上させる「推進力」としても働きうるということである。

　したがって「教育」（の成果）は、内的ケイパビリティの一部でありながら、同時に、内的ケイパビリティそのものの向上を図り、結合的ケイパビリティ、ひいては本質的自由への移行を促進する推進力として位置づけられる（図3-3）。すなわち「道具的自由」を、「本質的自由」や「エイジェンシー的自由」の実現に向けて行使する際の動力となる働きを担うこととなる。ヌスバウムがリストに挙げている識字能力を例にとって考えてみると、「教育」の成果として獲得された識字能力が、それ自体として内的ケイパビリティのひとつとみなされると同時に、字が読めることによって、その個人の政治判断をより的確なものにし、その個人の政治参加をより建設的なものにし、結果として、「その個人が望む生の実現（本質的自由）」や「その個人が自らの価値観に照らして行動を選択すること（エイジェンシー的自由）」により近づくための推進力として働き得る。

　ここに描かれる「広義の教育」の働きこそが、多様な実施形態をとるESD

に期待される、本質的な働きであると言えるだろう。すなわち、その個人の本質的自由に資する教育、そして同時に、その個人のウエルビーング向上にとどまらず、エイジェンシー的な自由の行使にも資する教育が、ESDに求められている。またそのような教育が土台となって、次節に述べるような自己精査とコミットメントを果たすことができる個人を育てることができる。

4　エイジェンシー的自由に基づくコミットメント

　前節では、センの人間開発論とヌスバウムのケイパビリティの3層構造の統合を試みた。両視点を結ぶことにより、結合的ケイパビリティが、個人のウエルビーング的自由と、社会に変革をもたらし得るエイジェンシー的自由の接合点となることが分かった。加えて、エイジェンシー的自由が、社会変革を通じて、他者の結合的ケイパビリティに不可避的に影響を与えることを確認した。この「ケイパビリティと自由」の枠組みにおいて「教育」の役割を検討すると、「広義の教育」の働きが定位された。「広義の教育」は、内的ケイパビリティの一部でありながら、結合的ケイパビリティや本質的自由、そしてエイジェンシー的自由の実現に向けて個人を駆動する推進力となる。

　では、「広義の教育」によって本質的自由やエイジェンシー的自由が行使できるようになった個人は、どのような原理に基づいて行為を選択するのだろうか。本章の冒頭で述べた通り、現代社会において行為選択の強力な原理となってきたのは経済合理性であった――さらに言えば、教育や福祉の重要性を裏付け、様々な政策を推進してきたのも、人的資本論などに代表される経済合理性の議論であった。それらの議論の土台にあるのは、合理性についての自己利益説である（Sen 2002b）。本節では、まず、この合理性原理の限界を指摘し、続いて、理性的な個人が持つ「自己精査」という自我の側面と、それに基づく「コミットメント」という行為の一形態について概説する。この理論考察を通じて、SDGs時代の個人と他者、個人と社会の関係性を再考したい。

（1）経済合理性の限界

　セン（2002b）は、主流派の経済理論で使われる「合理性」という言葉が、多くの場合、①選択の内的整合性、②自己利益の最大化、③最大化一般のいずれかの意味で用いられてきたことを指摘している。選択の内的合理性とは、「選択肢のメニュー」、すなわち現実に選択可能な集合に含まれる多様な選択肢から何かを選択する際に、選択されたもの同士が整合性を保っているかどうか、その一貫性を問う思考を指す。この合理性アプローチは、「内的整合性の要求を選択それ自体から、つまり外在的なもの（例えば目的や価値など：筆者注）にはまったく言及せずに理解する」（Sen 2002b、邦訳: 21）点に特徴があるが、このアプローチが適用されると、例えば、「目的も価値も問うことなく、常に自分が最も嫌うものを選択し続ける個人」の合理性は非常に優れているということになり、現実的には受け入れがたい不条理なアプローチとなる。

　自己利益の最大化や最大化一般を志向するアプローチは、選択の内的整合性アプローチよりも私たちの直感に合致するだろう。それは、これらのアプローチが外的な目的や価値などに向かう指向性を持っているからである。何かを最大化したいと考えるとき、そのための選択は必ず外的な目的や価値を伴っている。その目的指向性が、これらの合理性アプローチの説得力を高め、同時に、選択の内的整合性アプローチに伴う不条理感を拭い去ることに貢献している。では、これらのアプローチがSDGs時代の個人と社会の関係性に働く原理、すなわち、エイジェンシー的自由の実現に向けて個人を駆動する原理となり得るのだろうか。

　セン（2002b、邦訳: 24-28）の考察によれば、現代の経済学を支配してきたのは、合理性についての自己利益説である。現代経済学の領域では、自己利益を賢明に追求することを「合理的」であると考える価値観に基づいて「経済的人間」が定義され、そのような人間観に立脚して様々な理論が構築されてきた。例えば、ゲーム理論にみる囚人のジレンマに、「相手を思いやって

自分がすすんで犠牲になる」という可能性が数えられていないのは、そのような選択は、自己利益の最大化という観点からすれば、「非合理的」だからである。

　しかしながら、センは「合理性を自己利益の最大化ととらえる狭隘な見解は恣意的であるにとどまらない」（2002b、邦訳: 25）と厳しく批判する。ひとは現実的には社会の様々な事象を評価の対象とすることができるにもかかわらず、自己利益の最大化アプローチは、「恣意的に」評価や判断の軸を「自分の利益になるかならないか」という点に集約しようとする。そこでは「人々はなぜ相互依存的な生産活動においてしばしば協働するのか、公共心に富んだ行動が観察されることが少なくないのはなぜか、ルールによって利己的な行動が制約されることが一般的なのはなぜか」（2002b、邦訳: 25）といった問いには十分な関心が払われないこととなる。SDGs時代に考えなければならないのは、まさにこのような問いにこたえ得る合理性の概念である。したがって、これらを射程に入れない合理性原理が、本章で追究する原理として不十分であることは自明であろう。

　さらにこのような「恣意性」の問題のみにとどまらず、自己利益の最大化アプローチは、人間の自我が持つ重要な側面を否定するという問題点も孕んでいる（Sen 2002b、邦訳）。自己利益の最大化アプローチは、利他的行為の合理性を説明するために、例えば、「利他的行為は巡り巡って自己利益となる」あるいは「協力行動は他人からの攻撃や『しっぺ返し』を避けるための戦略である」といった類のロジックを用いてきた。確かに私たちはこのような自己利益を守るための行為を選択し得るが、センはここで「自分自身の推論と自己精査（one's own reasoning and self-scrutiny）」という自我の側面と、そのような自我が持つ合理性に基づく「コミットメント（commitment）」という概念を導入する。

（2）自己精査とコミットメント

　前節では、私たちは「広義の教育」を受けて自らのケイパビリティを発展

68

させ、それがひいては本質的自由の実現に繋がるというモデル（**図3-3**）を展開した。本質的自由とは、「その個人にとって価値のある生き方・在り方を実現する自由」を指す。さらに、その個人にとって価値のある選択なのであれば、それがたとえ自らのウエルビーイングに反するような行為であったとしても選択し得る自由が存在するとし、これをエイジェンシー的自由と呼んだ。このような思考や選択を可能にするのが「自分自身の推論と自己精査」、すなわち「私たちは自分が何を行いたいのか、どのように行いたいのかと問うことができ、この文脈で私たちが何をどのように望んでいるのかを吟味することができる」（Sen 2002b、邦訳: 39）能力である。前節で述べた通り、エイジェンシー的自由は、個人の高いケイパビリティを要求する高度な自由であるが、この自由の行使に至る前段階に「自分自身の推論と自己精査」という自我の働きが存在し、理性を用いて精査を行うというこの能力こそが、人間の自我の中心的な特徴であると考えられている。

　　人格とは自分自身の消費を享受し、自分の厚生を経験し味わい、自分の目標をもつことができる実在であるだけではなく、自分の価値や目的を吟味し、これらの価値や目的に照らして選択することができる実在でもあるのだ。（Sen 2002b、邦訳: 39）
　　自己利益の追求こそが合理性にとって不可避の必然性を有していると言い募ることは、自分が何を追求すべきかをめぐって理性を働かせる自由を無視することによって、自由かつ理性をめぐらせる存在としての「自我」を圧殺してしまう。合理性に対する自己利益アプローチは自己利益に特権的な地位を与えると同時に、自己による推論の基底を掘り崩しているのである。（Sen 2002b、邦訳: 51）

　このようにセンは、人間の本質を、自己利益の最大化のみならず、自己利益の有無を超えた推論や精査ができる自由な実在として描出している。したがって、「賢明な適応（＝自己利益の最大化：筆者注）だけに依拠すること

は人間の倫理に対するラディカルな悲観論」(Sen 2002b、邦訳: 27) なのであり、そのような人間観に基づく経済合理性の考え方は狭隘であると言わざるを得ない。

　しかしながら同時にセンは、必ずしも自己利益の最大化に寄与しないエイジェント的な行為の選択について、「共感」と「コミットメント」の二種類を厳格に分けている（Sen 1982、邦訳: 133-159）。センによれば、「共感」とは、他者への関心が直接に自分のウエルビーイングに影響を及ぼす場合に起こる心理的な状態のことを指す。例えば、他人の苦しみを見聞することによって、自分自身が義憤や憐憫、あるいは罪悪感などを覚えてエイジェント的な行為に駆り立てられる、といったケースは「共感」にあたる。一方、コミットメントは、他者への関心が自分のウエルビーイングに影響を及ぼすことがなくとも、上述の推論や精査を経た判断に基づいてエイジェント的行為を選択するというケースを指す。つまり、「他人が苦しむ」のは、「かわいそうだから」助けるという行為は共感に基づく行為であり、「他人が苦しむ」という状況はそれ自体が「社会的に不正義だから」助けるという行為はコミットメントに基づく行為となる。

　章の冒頭に挙げた消費行動の例、「こちらの方が少し高いけれど環境に配慮した商品を買おう」という行為を再び例に挙げれば、以下のように整理できる。

経済合理性に基づく判断：「エコ商品を買うことで、巡り巡って私の生活も良くなるだろう」
→したがって、「少し高くてもそれだけの価値が自分に戻ってくるだろう」という見込みのもとに一種の先行投資としてエコ商品を購入する。

共感に基づく判断：「環境の悪化によって病気になる人や生活に苦しむことになる人たちがいる。その人たちのことを思えば、エコ商品を購入したほうがいい」

→したがって、「少し高くてもそれで誰かが救われるのであれば、それだけ
の価値がある」という判断のもとにエコ商品を購入する。この場合、「共感」
しているがゆえに、「エコ商品を購入しない」という行為を選択すると、「罪
悪感で胸が痛む」など、自分のウエルビーングが悪化する可能性があり、そ
れを回避するための行為であるという側面も持つ。

コミットメントに基づく判断：「環境の悪化に加担することは社会的に不正
である（あるいは、環境の改善に貢献することは社会的な責任である）から
エコ商品を購入するべきだ」
→したがって、「少し高くてもそれは社会的責任として当然支払うべき金額
である」という判断のもとにエコ商品を購入する。この場合、「共感」と重
なり合う部分もあり得るが、仮に自分のウエルビーングが全く悪化しないよ
うな場合であっても、「エコ商品を購入する」という行為が選択されるとい
う意味において、コミットメントは共感よりも非利己的な行為である。

　周知の通り、「持続可能な開発」の定義には世代間公正の問題が包含され
ており、直接的に自らのウエルビーングの向上を追求する姿勢だけを「合理」
と考える原理では、この問題には対応できない。この点からも、経済合理性
に基づく判断の限界を見て取ることができよう。一方、「仮に自分自身にリ
ターンが無くとも」という判断は、共感・コミットメントいずれにおいても
成立し得るが、共感には自らの感情が重なり得る「範囲」、換言すれば「限界」
が存在する。「誰一人とり残さない」というSDGsのスローガンを想起すれば、
感情的な共感が及ばない「限界」を超え得る可能性が、少なくとも理論的に、
担保されている必要がある。仮に感情的な重なりが難しい、異文化圏の他者
に関する問題であったとしても、あるいは自分の生活領域からは想像し難い、
未知の分野の課題であったとしても、さらには決して出会うことのない次世
代の人々のウエルビーングについても、「自分自身の推論と自己精査」とい
う理性の働きによってコミットメントを果たせる個人──そしてコミットメ

71

ントを通じて他者の結合的ケイパビリティに働きかけ、社会や他者とつなが
ることのできる個人——が求められているのではないだろうか。そして、そ
のような能力を持った個人を育てることが、「広義の教育」あるいはESDの
究極的な目的だと考えられる。

5　社会的レジリエンスの強化にむけて—課題と展望—

　前節では、自己精査とコミットメントの概念によって、経済合理性の限界
が示された。「誰一人残さない」というスローガンを掲げ、「世代間公正」と
いう課題に挑戦しようとするSDGsの観点からすると、過度に経済合理性の
原理に依拠した現代社会の社会的レジリエンスは、頑強であるとは言い難い。
なぜなら、予測不可能な変化への適応が必要になったときの行為選択に求め
られるのは、各自の自己利益の最大化ではなく、他者との対話に基づく協働
だからである。

　本節では、社会的レジリエンスの強化にむけて、経済合理性の弱点を補完
し得る原理を探ってみたい。具体的には、20世紀型の経済合理性に代わる合
理性原理として、ユルゲン・ハーバマス（Habermas Jürgen［独］1929-）
のコミュニケイション的合理性の考え方を手掛かりに考察をすすめる。コミ
ュニケイション的合理性による「繋がり方」の視点から、SDGs時代の個人
と他者、個人と社会の関係性を展望し、同時にその課題について検討したい。
また、本節の考察からESDをとおして涵養されるべきコミュニケイション能
力の本質的な意味についても問い直すことができるだろう。

表3-3　行為類型

行為状況　＼　行為志向	成果志向型	了解志向型
非社会的	道具的行為	———
社会的	戦略的行為	コミュニケイション的行為

出典：Habermas, 1981, 邦訳, p.21, 第14図より。

72

　ハーバマスによれば、人間の行為は、その行為の志向性（成果志向型か了解志向型か）と状況（社会的状況か非社会的状況か）によって3つのタイプに類型化できる（Habermas 1981、邦訳: 21-24）。

　成果志向とは、ある目標を達成することに方向づけられた志向性をいう。この志向性が、非社会的な状況、すなわち他者との関わりのない（少なくとも他者との深い関りを意図しない）単独状況で発動するとき、その行為は「道具的行為」となる。道具的行為とは、単独の行為者が、自分の目標を達成するために、他者の行為とは関係なく、自らの技術や能力や創意工夫などを駆使して何らかの成果を得ようとする行為である。また、同じ成果志向でも、それが社会的な状況、すなわち他者との関わりのなかで発動するとき、その行為は「戦略的行為」となり得る。戦略的行為とは、ある行為者が、他の行為者による行為を自分にとって都合のいいように活用して、何らかの成果を得ようとする行為である。

　道具的行為と戦略的行為をあわせて、「目的合理的行為」とハーバマスは呼んでいる（Habermas 1981、邦訳: 21）。目的合理的な行為は、その目的を達成するために最も効率の良い手段を選択して実行され、その目的以外に予見される行為の結果は副次的なものとみなされる。一方、複数の行為者が存在する社会的な状況の下で、行為者のあいだでまず意思疎通（コミュニケイション）が図られ、そこで対話を通して成立した了解と同意に基づいて、何らかの成果の獲得を目指す行為を「コミュニケイション的行為」と呼ぶ（Habermas 1981、邦訳: 22）。コミュニケイション的行為においては、目的合理的行為とは逆に、行為者は自分自身の目的を達成することを第一義に考えない。ここで一義的に目指されることは、他の行為者とコミュニケイションを通して「了解」から「同意」への過程をたどることである。この過程に働く合理性を「コミュニケイション的合理性」という。

　ハーバマスによれば、ある行為が「目的合理的」であるか「コミュニケイション的」であるかという問いは、その行為をどのような行為として解釈するかという分析的な視点を供するための問いではなく、その社会的行為に関

わる当事者が「成果志向的態度をとるのか、それとも了解志向的態度をとるのか」（Habermas 1981、邦訳: 22）を区別するための問いである。

> 同意は、単に事実的に成り立っている一致とは区別される。了解過程が目指すのは、ある発言の内容に対して合理的に動機づけられて賛同するための条件を満たしている同意である。コミュニケイション的に達成された同意は合理的な基礎を持っている。なぜなら、こうした同意は、道具的に、つまり行為状況への介入によって直接にであれ、あるいは、戦略的に、つまり相手の意思決定に成果を計算した上で影響を与えることによってであれ、いずれのやり方でも押しつけることはできないからである。（Habermas 1981、邦訳: 23-24、傍点ママ）

強制や命令によって「押しつけ」られた「事実的な一致」や、「合意しておいた方が有利だ」あるいは「ここは合意せざるを得ない」といった戦略的思考によって実現した「事実的な一致」、または、何らかのサンクションの潜在力によって引き起こされた「事実的な一致」は、当事者間の了解に基づく同意とは言えず、コミュニケイション的合理性の観点からすると「合理的な基盤が存在しない」ことになる（永井 2018: 56-59）。コミュニケイション的合理性は、相互の了解を第一義的に目指そうとする態度（了解志向的態度）を前提に、言語的なコミュニケイションによって調和や調整を重ねながら、強制や戦略ではなく内的な妥当性を自発的に承認することによって、相互の了解・同意に向かう行為を志向する原理である。また、コミュニケイション的合理性を働かせ得る個人とは、一定のケイパビリティを備え、自己精査ができる個人であることが想定されよう。このような合理性に支えられて選択された行為は、「誰かに言われたから」あるいは「やらないと罰があるから」という理由で行われる行為ではなく、「自分の価値観に照らして、やるべきだと考えられるから」という自己精査に基づく自発的な行為となり得る。

　例えば、近年私たちは、海洋プラスチックごみという、ペットボトルが市

場に出回り始めた当初には想像もしなかった深刻な問題に直面している。このような社会問題は、一部の政策形成者だけが尽力すれば解決する問題ではなく、また、罰を伴うルールで人々の行為を管理することも極めて困難な問題である。このような問題に対応するためには、了解と同意に基づく対話を経て、ひとりひとりが当事者として、「自分の価値観に照らして、やるべきだと考えられるから」という合理的判断に基づくコミットメントを果たす必要があるだろう。

　世代間公正の問題を考えるとき、まだ存在しない（あるいはまだ幼い）次世代の当事者と直接的なコミュニケイションを交わすことは難しいかも知れないし、「誰一人とり残さない」ための取り組みについて考えるとき、地球の裏側に暮らす言語の異なる当事者と直接コミュニケイションを図る機会はあまりないかも知れない。しかしながら近年、多くの国際会議や政策決定の場で市民フォーラムなどの場が開設されることが増えていることや、インターネットやSNSなどのメディアが、様々な問題を孕みつつも、若年層を含む新たな公共圏を形成している事実を看過すべきではないだろう。

　このような新たな公共圏で、あるいは各国・各自治体の政策形成の場で、あるいはもっと日常的な生活場面で、そして学校教育の様々な局面で、エイジェンシー的自由を行使できる個人が、コミュニケイション的合理性に基づいて議論し、行為選択できる社会が想定できるとすれば、それはよりレジリアントな社会であると言えるのではないだろうか。そうだとすれば、よりレジリアントな社会を展望するうえでの課題とは、自己精査し、エイジェンシー的自由を行使し、コミットメントを果たすことができる個人を育成することであり、そのような個人同士が了解志向型のコミュニケイションを楽しむことができる機会を創設することである。これらの課題はすなわち、ESDの実践上の課題であるとも言えよう[6]。

6　おわりに

　本章では、センの人間開発論、ヌスバウムのケイパビリティの３層構造、そしてハーバマスのコミュニケイション的行為の理論を手掛かりに、SDGs時代の——あるいはポストSDGsも含めた観点から——社会を創造する個人とはどのような存在なのか、また、その個人はこの時代の社会とどのように関わっていくのか、そして、そのような個人と他者、あるいは個人と社会の関わりに働く原理とはどのような原理なのか、という問いに理論的な回答を試みた。

　本章の考察を踏まえると、SDGs時代に想定される個人は次のように描くことができる。すなわち、わたしたちは皆、より善い生を生きたいと願っており、現実の様々な条件や制約のなかで、持てる財や機会を活用して機能の集合＝ケイパビリティを高め、ウエルビーングの向上を志向している。そして同時にわたしたちは、単に自分自身のウエルビーングを高めるためのウエルビーング的自由のみならず、自己精査という理性的判断に基づき、エイジェンシー的自由を行使して、利他的行為にコミットする自由も持ち合わせている。自己精査を行ったり、エイジェンシー的自由を行使するには、高度なケイパビリティが必要となるが、より上位のケイパビリティへの推進力として働くのが、学校教育に限定されない「広義の教育」であった。ESDは多様な実施形態があり得る教育活動だが、本章の考察に照らせば、「エイジェンシー的自由を行使できるような人材を育成すること」が共通の教育目的となるだろう。

　さらに、このような個人と社会の関わり方は以下のように説明できる。すなわち、ある個人がエイジェンシー的自由を行使して、コミットメントを果たすことで社会の変革が起こり、その結果として、他の誰かの結合的ケイパビリティを向上させる可能性がある。結合的ケイパビリティが個人と社会との結節点となり、エイジェンシー的自由の行使によって、個人と社会、そし

て個人と他者が繋がることとなる。この関わりに働く原理、特に経済合理性の限界を補完する合理性原理として、本章ではコミュニケイション的合理性の考え方を紹介した。コミュニケイションを通じて、単なる共感を超えた、本質的な了解と同意に基づく利他的行為が選択され得る。このような了解志向型のコミュニケイション能力を育成することもESDの取り組みに期待される。

　テロリズムや紛争などの過激な暴力が発生してしまっている現実を前に、あるいは経済的なグローバリズムが政治経済的弱者を追い詰めている現実を前に、本章で概説した理論仮説は、楽観的に過ぎる展望であるかも知れない。しかしながら一方で、本章の冒頭に挙げたような事象——環境商品を優先的に購入しようとする個人やクラウドファンディングに参加しようとする個人が増えていること——もまた事実であり、ESG投資やソーシャルビジネス等の取り組みが、私たちの社会で急速に拡大しているのも事実である。これらの「事実」が、「エイジェンシー的自由の行使によるコミットメント」を「合理的である」と考える個人の存在を裏付けている。そのような個人を育てる契機と場が、ESDに求められている。

注
（1）橋本（2018）は、目的と目標の違いを明確に論じている。目的とは「目指すべき価値」（p.252）のことであり、抽象的な概念体であるため、「それ自体では認識することも達成することもできない」（p.316）。そこで行為として実行可能な「目標」が設定されるが、そこで解釈され具体化された「目標」は「目的」自体ではあり得ず、そこには常にズレが生じることとなる。「目標」と「目的」は近似概念であるかのように捉えられがちであるが、実は、「目標」は、ある目的からみると「手段」に近しく、それゆえに「目的」を見失わないよう、常に省察を重ねる必要がある。この意味でSDGsはあくまで「目標群」なのであり、それらが本質的に目指すところ（＝目的）を常に省察することが求められる。
（2）本章では、公共選択や政策決定の場面でなされる価値選択の原理を、「社会を動かす（駆動するdrive）原理」という意味を込めて、駆動原理と称する。
（3）2018年度より内閣府地方創生推進事務局によって『SDGs未来都市及び自治体SDGsモデル事業』の選定が行われるようになり、同年には29の都市が「SDGs

未来都市」として認定され、SDGsに関連した独自施策に着手している（内閣府 2019）。併せて『地方創生SDGs官民連携プラットフォーム』が設置され、従来からの日本の社会課題であった地方創生への取り組みとSDGsに関する取り組みを、官民連携のもと、並行してすすめていこうとする動きが見られる（内閣府地方創生推進室 2018）。筆者の観察するところによれば、このような動きは先進国のなかではユニークなSDGsに対するアプローチである。

（4）エンタイトルメント（entitlement）という単語は、日本語では「権原」と訳され、「ある行為をなすことを正当とする法律上の原因」（大辞林第三版）と説明されている。「権限」がある権利のおよび「範囲」を規定するのに対し、「権原」はその権利の「根拠」を指す。例えば、Aが所有する土地にBが建物を建てようとするとき、「そこは私の土地だから、その建物は私のものだ」というAの主張の根拠となる権原は「Aの土地所有権」であり、「いや、この土地を正当な契約によって賃借しているのは私だから、その土地のうえに建てたこの建物は私のものだ」というBの主張の根拠となる権原は「Bの土地賃借権」であることになる。経済学者であるセンは、モノの交換活動にもこのような「権原」が働いていることに注目し、「交換エンタイトルメント」という概念でもって、モノ自体の動きにしか着目してこなかった従来の経済学の限界に挑戦した（Sen 1981）。

（5）フォーマル教育、ノンフォーマル教育、インフォーマル学習の定義については、丸山・太田（2013）を参照されたい。ノンフォーマル教育の定義については多くの議論があるが、丸山・太田（2013）は、公式性（公権力による認可を受けているか否か）と形式性（教育活動と日常生活との接合度合い）の二軸によって整理している。

（6）本章では、紙幅の制限上、また本章の目的上、理論考察に終始したが、教育現場や国際協力プロジェクトの現場、あるいは行政の政策形成の現場における、当事者の協働事例として、米原（2016、2017、2019）などを参照されたい。

引用文献

Becker, G.（1967）Human capital and the personal distribution of income: an analytical approach. MI: The University of Michigan

Becker, G.（1993）Human Capital: A theoretical and empirical analysis、with special reference to education（3rd ed.）. IL: The University of Chicago Press

Habermas, H.（1981）Theorie des kommunikativen handelns. Suhrkamp（岩倉正博他訳『コミュニケイション的行為の理論（中）』未來社、1995年）

Nussbaum, M. C.（1992）Human functioning and social justice: in defense of Aristotelian essentialism, *Political theory*, Vol.20 No.2, pp.202-246

Nussbaum, M. C.（2000）*Women and human development*, Cambridge University Press

Schultz, T.（1971）*Investment in human capital*, The Free Press

Sen, A.（1981）Poverty and famines: An essay on entitlement and deprivation, Clarendon Press

Sen, A.（1982）Choice, welfare and measurement, Basil Blackwell Publisher（大庭健・川本隆史訳『合理的な愚か者：経済学＝倫理学的探求』勁草書房、1989年）

Sen, A.（1992）Inequality reexamined, Harvard University Press

Sen, A.（1997a）On economic inequality, Clarendon Press

Sen, A.（1997b）Editorial: Human capital and human capability, *World Development*, Vol.25 No.12, pp.1959-1961

Sen, A.（1999）Commodities and capabilities（Oxford India Paperbacks ed.）, Oxford University Press（鈴村興太郎訳『福祉の経済学：財と潜在能力』岩波書店、2000年）

Sen, A.（2000）Development as freedom, Anchor Books（石塚雅彦訳『自由と経済開発』日本経済新聞社、2000年）

Sen, A（2002a）Capability and well-being, in Nussbaum M., and A. Sen, eds., *The quality of life*, Oxford University Press

Sen, A.（2002b）Rationality and freedom, Harvard University Press（若松良樹・須賀晃一・後藤玲子監訳『合理性と自由〈上〉』勁草書房、2014年）

Sen, A .（2009）The idea of justice, Penguin Books

UNDP（2019）Hunan development report, UNDP. http://hdr.undp.org/（Last retrieved Feb.13,2019）

Yonehara, A.（2009）Human development policy in the global era: A proposal from an educational view、University Education Press

内閣府（2019）『環境モデル都市・環境未来都市・SDGs未来都市』（https://www.kantei.go.jp/jp/singi/tiiki/kankyo/index.html　最終閲覧日2019年4月7日）

内閣府地方創生推進室（2018）『地方創生SDGs官民連携プラットフォーム』（http://future-city.jp/platform/　最終閲覧日2019年4月7日）

永井彰（2018）『ハーバマスの社会理論体系』東信堂

橋本憲幸（2018）『教育と他者：非対称性の倫理に向けて』春風社

広井良典（2001）『定常型社会：新しい「豊かさ」の構想』岩波新書

広井良典（2009）『グローバル定常型社会：地球社会の理論のために』岩波書店

広井良典（2015）『ポスト資本主義：科学・人間・社会の未来』岩波新書

丸山英樹・太田美幸（2013）『ノンフォーマル教育の可能性：リアルな生活に根ざす教育へ』新評論

水口剛（2017）『ESG投資：新しい資本主義のかたち』日本経済新聞出版社

米原あき（2012）「人間開発論における『教育』の位置づけに関する理論考察：公共政策への応用に向けた予備考察として」『ガバナンス研究』第8号、77〜96ページ

米原あき（2013）「人間開発指数再考：包括的な開発評価への試み」『日本評価研究』第12巻第3号、91〜105ページ

米原あき（2016）「『学び』の一環としての『評価』：協働型で行うプログラム評価の可能性」『日本/ユネスコパートナーシップ事業：ESDの教育効果（評価）に関する調査研究報告書』52〜61ページ

米原あき（2019）「協働型プログラム評価実践における『協働型社会調査』：参加型アプローチでエビデンスを創出する試み」『評価クオータリー』第50巻、2〜17ページ

米原あき・丸山緑・澤田秀樹（2017）「ODA技術協力プロジェクトにおけるプログラム評価の試み：トルコ国防災教育プロジェクトを事例に」『国際開発研究』第25巻1-2号、91〜105ページ

第4章

多様化する社会ニーズへの対応
―コレクティブ・アクションを通して―

稲葉 美由紀・西垣 千春・川本 健太郎

1　はじめに

　「誰ひとり取り残さない（Leave No One Behind）」は、国連総会が2015年9月に採択した「持続可能な開発目標（SDGs）」のスローガンである。ミレニアム開発目標（MDSs）で残された課題を踏まえて設定された国際社会が合意した17の開発目標のなかには、しばしばインクルージョン（包摂、共生）やエンパワーメントという用語が登場するとともに、人権と当事者視点を明確に位置付けている。現代のような社会政治経済の仕組みでは貧困、格差、飢餓、ホームレスなどの福祉問題に対応できる構造やシステムが整っていない。そのような社会では、誰がいつ、何がきっかけとなり社会的孤立や生活困難を強いられるかわからない。また一方で、社会経済構造が大きく変化している時や自然災害が起きた時ほど、生活問題は福祉的支援を必要とする人々に一層厳しくあらわれる。

　このような状況も踏まえて、SDGsでは格差是正を重視している。そのために重要なことは、社会の中で特定のニーズを持った人々や脆弱なグループを政策および草の根レベルの事業を通して社会的に包容することの重要性を

Key Word: 多様化する社会ニーズ、コレクティブ・アクション、新たな価値創造、社会開発ソーシャルワーク、社会構造の変化と大学の新たな役割、労働機会の創出、社会的居場所、営利と非営利の協働

再認識し、全世界の全ての人々を対象に様々な取り組みを開発する必要がある。SDGsは私たちの日常生活と深く関わると同時に、地域社会が直面する課題を示しているといえる。したがって、全ての人の人権が守られ、より良い生活環境の中で、健康で文化的な質の高い生活が送れるように、幸福（Well-being）を目指す社会福祉と深く関わっている。持続可能な共生社会の実現のために、いかにインクルーシブなアプローチを政策や事業に反映させていくか、どうやって多様な主体と協働やパートナーシップを築くのか、より良い解決策を実践できるか、これまでになかったイノベーティブな方法や取り組みが必要となる。

　グローバル化や情報化などの急速な変化によって、日本社会においても貧困、若者の不安定問題、ニート、ひきこもり、社会的孤立、ホームレス、孤独死、自殺、高齢者や児童虐待、DV、空き家、そして人口の減少などといった既存の制度・政策では対応しきれない福祉問題や新たなニーズが増加している。厚生労働省は社会的排除の問題や共生社会の実現に向けて、地域福祉のあり方として「狭い福祉概念にとらわれず、防災や防犯、教育や文化、スポーツ、まちづくりや建築といった分野との連携や調整」（2008年）を打ち出し、地域共生社会、我が事・丸ごと、互助、地域づくり、まちづくりなどをキーワードに据えている。多様化する福祉ニーズに対応するため、従来の福祉制度に基づいた縦割りの対応や福祉サービス中心の福祉から地域におけるつながりや支え合いの仕組みづくりも視野に入れた横断的な連携や異業種・異分野間の対話の必要性を強調している。このように新しいパラダイムが求められるなか、社会福祉のあり方やソーシャルワークを含む福祉専門職は福祉問題の解決にむけて構造的な問題に取り込むこと、そして、ローカルなニーズをキャッチしながらグローバルな変化に対応できるように変容していくことも期待されている。

　そこで本章では、ソーシャル・インクルージョンに向けて専門的介入を実践しているソーシャルワークに着目し、制度のはざまの問題や複雑化・多様化するニーズを概観し、日本における若者と若年障害者の現状を踏まえて課

題に取り組む開発的な実践例を取り上げる。本章の構成は以下の通りである。第2節では、開発的ソーシャルワーク、エンパワーメント実践、新しい価値の創造を目指すアプローチについて言及する。第3節では、2019年4月にスタートしたばかりの神戸学院大学・学生の未来センターの取り組みを紹介し、大学の最後の教育機関としての新しい役割に注目する。第4節では、被差別地域においてNPOと企業のパートナーシップによる若年就労困難者の労働機会を創出してきた共同の取り組みを紹介する。第5節ではコレクティブ・アクションによる多様なニーズへの対応によるレジリエンス強化に向けての課題と展望に触れ、第6節はまとめである。

2　多様化する社会ニーズとコレクティブ・アクション

　現代社会ではグローバル化、情報化、産業化が広がるとともに、多くの先進諸国においては生活の変化が大きく、既存の社会保障や社会福祉の制度が追いついていないという状況もあり、新たな生活課題や社会ニーズが噴出している。このような事態の背景には、新自由主義経済政策によって生じた貧富の格差や不平等などがあげられる。日本においても労働市場においては正規雇用の労働者と非正規雇用の労働者、ジェンダーの不平等、障害のある人とない人、日本人と外国人、都市と地方、年金受給者と不安定な若者・稼働年齢層といった経済活動への関わり方と機会の違いによる分断がみられるようになるとともに、社会の格差、無縁化、個人化が次第に広まっており全世代に関わる「孤独」や「孤立」という問題が深刻化してきている。ライフサイクルのなかでも、早い時期に貧困に陥るとその状態から脱却することが「長期化」により困難となり、次の世代へ継承される「世代間連鎖」の傾向が強くなっている（阿部 2008）。同様に高齢期にも多様なリクスが潜んでおり、いつ生活破綻に陥るかわからない状況である（西垣 2011）。それをストップするために重要なことは、なるべく早い時期に発見し、支援・介入する予防的な開発的な福祉の視点が必要となっている。

生活問題の解決に取り組む専門職の一つにソーシャルワークが存在する。中核となる任務は、社会変革・社会開発、社会的結束の促進、人々のエンパワーメントと解放を目的とし、その達成のためにソーシャルワークは人とその人を取り囲む環境やコミュニティを視野に入れながら、個人、グループ、地域コミュニティ、そして社会レベルにおいて、ケースワーク、グループワーク、コミュニティワークなどの多様な実践手法を用いて働きかけ、介入する専門職である。近年では自己責任論がさまざまな場面で議論となっているが、個人の努力だけでは解決できない問題が多数存在する。ソーシャルワークは構造的貧困や不平等の諸問題の撲滅に向けて、アドボカシー、ソーシャル・アクション、コミュニティ・オーガニゼーション、政治的なロビー活動などを用い、社会変革、運動、チェンジ・エージェントの機能も持っている。また、支援の対象となる個人の声を尊重し、現地に最も適した実践を開発する必要があるため、地域の住民から学ぶという姿勢も持ち、多様な主体とパートナーシップを築くことを目標とする。異なるレベル（またはシステム）のアクターが参加・協働するプロセスや主体形成を促進するため、これらの異なるレベル間（ミクロ、メゾ、マクロ）を移動しながら、社会資源を活用・強化させつつポジティブな相互作用や相乗効果を引き出すことを目指している。

　地域社会に焦点をあてるコミュニティワークにおけるソーシャルワーカーの役割としては、コーディネーター、ファシリテーター、コーチ、代弁者、交渉人、媒介、相談役、教育者、オーガナイザーなど多岐にわたる。地域の問題解決に当たっては、必要となる複数の社会資源（物、人、制度、資金など）を組み合わせることや、ネットワーク化および連携を図ることを通して、地域コミュニティの社会関係資本の構築に取り組んでいる。この実践を展開する上では、福祉対象者の生活問題の解決に向けた対象者と地域住民の連携が必要であり、相互の理解と支援が必要となる。しかし、このような連携が進まない場合、福祉対象者は地域から孤立することとなるため、個人の課題を地域共通の課題として捉えるようなコミュニティワークが必要となってく

る。最近注目されている人々のつながりづくりや居場所づくり、そして持続社会に向けた新しいパラダイムシフトや変容を推進していくためにも、福祉と教育の連携は欠かせないだろう。これからのコミュニティワークはESDの学びやアプローチと連携しながら自然災害後のコミュニティの再生、地域内の多種多様な課題解決、人々のエンパワーメントを推進していくためにも大きな役割を果たせる可能性があると言えよう。また、地域の活性化や雇用の創出などを推進する地域創生やまちづくりのプロセスにおいて、福祉とデザインやアートなどの分野が協働することによって人々の暮らしを豊かにすることが可能となるだろう。

（1）新たな価値創造に向けて─開発的ソーシャルワークと社会的連帯経済

　社会開発の概念に基づく「開発的ソーシャルワーク」と呼ばれる包括的なアプローチに焦点を当てたい。先進諸国のソーシャルワークの制度化された機能を捉え直し、パラダイム・シフトの必要性を投げかけるものである。社会開発は、1960年代以降から社会保障や社会福祉が未整備の途上国の貧困問題の解決に向けて協働と住民参加を促進し、コミュニティを基盤とした投資戦略を用いた実践アプローチである。この考え方は1980年代頃から少数の研究者によってアメリカのソーシャルワークに紹介され、その後もその概念化および実践研究が展開されてきた（Jones and Pandey 1981; Midgley 1995, 2018; Pawar 2014）。多くの先進諸国においても対応する制度が不十分な状況が生じていることを鑑みると、途上国に限らず先進国の児童福祉、障害者福祉、貧困緩和、社会的孤立などの領域においても治療的・救済的なサービス提供型のソーシャルワークと並行して、福祉と開発を融合させた予防的・開発的なソーシャルワークの必要性が高まっているといえよう。

　開発的ソーシャルワークの提唱者であるMidgley（1995）は、社会開発を全ての人々の福祉の向上と社会変革を目的とした戦略を伴う活動と定義し、社会開発の特徴として以下をあげている。さらに、社会開発は、個人、地域社会、政府という異なったレベルにおいて実践されなければならないことも

強調している。

(1)社会開発アプローチは、総合的かつ普遍的である。

(2)社会開発は経済活動と結びつけようとする活動である。

(3)コミュニティや社会全体に焦点を当て、開発プロセスを積極的に推進し、すべての人々の福祉向上を追求するものである。

(4)成長とプラス変化のプロセスを含んでおり、ダイナミックな活動である。

(5)社会開発活動は計画的・戦略的な介入を伴う活動、社会への働きかけである。

(6)従来の救済的、治療的、対処的なアプローチとは異なり、予防的な福祉と理念を共通している。

　開発的ソーシャルワークは、エンパワーメント、潜在能力の拡大、意識化、能力強化、自己決定、住民や当事者の視点・参加・組織化、レジリエンス、公平性、社会正義というソーシャルワークの価値を重視しつつ、その戦略には二つの特徴があげられる。まず、よりコレクティブなコミュニティを基盤とした実践を重視することである。次に、社会的投資戦略を用いることである。それは組織化を通して他者とのつながり（つまり、社会関係資本）を促進し、教育や医療分野などといった分野と連携しながら、個人の知識やスキルを向上させ、健康な状態で経済的参加や雇用の創出を進めることによって貧困や経済的不平等の根絶を目指している（稲葉 2019）。

　実践例としては、マイクロクレジット、マイクロ・エンタープライズ、社会的企業を通しての雇用創出と促進、障害者の自立支援と雇用確保、働く母親への子育て支援、就学前児童教育プログラム、職業訓練、マイクロクレジットなどの融資支援とビジネス経営研修、アメリカでの個人開発口座（Individual Development Account：IDA）による資産形成の福祉（asset-based welfare）などがあげられる（Sherraden 1991, 2018; 岩田 2009）。IDAは資産形成の機会を貧困者の支援に応用し、長期的な視点からライフチャンスを提供しようとするものである。マイクロ・エンタープライズおよびマイクロクレジットについてはバングラデシュのグラミン銀行がすでに知られている

が、アメリカにおいても1980年代からNPO、半官半民、財団によってサポートされ、開発的ソーシャルワーカーは対象者の経済的参加を促進するプログラムに関わるとともに、対象者が抱えている生活面をフォーマルやインフォーマルなサービスとリンクさせ、必要であればコミュニティの動員を通して包括的なサポートを提供しながら対象者のエンパワーメントを重視した活動を展開している（稲葉 2017）。

　社会開発は人的投資や社会的投資により経済開発のプロセスにも連動していることから、社会的連帯経済（Social and Solidarity Economy: SSE）という概念および運動を紹介したい。新自由主義的な経済システムを批判し、この市場経済とは異なるオルタナティブな経済の考え方であり、SSEはその組織や実践において、連帯・協働・相互扶助、公平性、民主主義、持続性、多様性を価値基盤にして公平な持続可能な社会に向けた、競争や個人主義社会から連帯社会へパラダイムシフトを推進する世界的な運動であり、実践である（Kawano 2018）。格差社会を変えようとする具体的な活動や運動を推進しており、既存の経済システムの競争重視の考え方から連帯重視の新たな価値観を生み出すことも含まれている。2014年に韓国で創設されたGSEF（グローバル社会的経済フォーラム）は、利益の追求のみを目的とせず、相互扶助や協働をベースとし、人間の関係性や自然との共生に重点を置く経済活動、社会的連帯経済を推進している国際ネットワークであり、SDGsが目指す目標とも重なるものが多い。一方で、国際労働機関（ILO）は、SSEはSDGs目標を達成するために経済、社会、環境の視点のバランスの取れた実践を可能とするフレームワークを提示するものとして評価し、国連機関間タスクフォース（UNTFSSE）を設置している。具体的な事例としては、協同組合、労働組合、NPO、社会的企業、フェアトレード、産直連携、地域通貨、地域銀行、マイクロクレジット、地域が支える農業、コミュニティガーデン、コミュニティ・ランド・トラストなど多岐にわたり、生活困窮者や障害を持つ人々など社会的に脆弱な人々の社会参加、しごとや手頃な価格の住宅を提供することを通して、貧困や社会的排除の問題に挑戦している（Augustine et al. 2019）。世界ではスペイン、カナダ（特にケベック）、ブラジル、そしてアジアでは韓国がSSEを推進している（廣田 2016）。日本においても社会的連帯経済の理念に合うような活動が各地で展開されていると考えられるが、全国ネットワークの欠如や国際的なネットワークとうまく連携が取れていないなどの課題もあげられる。2019年のSDGs未来都市に選定された福岡県福津市は幸せのまちづくりラボを核とした地域ぐるみのSSEの取り組みをスタートし、その後GSEF会員となり世界的ネットワークを広げている。ソーシャルワーク（とくに地域福祉やコミュニティワーク）においては貧困や不平等から生じる諸問題に対して、社会的連帯経済との接点や議論を深めていくことによって新たな領域におけるソーシャルワークおよび社会福祉の展開が期待される。

（2）エンパワーメント実践─問題からストレングスへの転換

エンパワーメントは「人間のニーズを充足させていく上で必要とされる社会変革を個人的および政治的に実現する手段」と定義されており（Gutierrez et al. 1998）、エンパワーメント実践モデルは、フェミニスト・ソーシャルワーク、ラディカル・ソーシャルワーク、コミュニティ開発の知識、スキル及び価値観と共通する点が多い。それは人々が自分自身に影響を与える出来事や制度に関与し、統制力を共有し、影響を与えるためのストレングスを身につける過程であり、その過程において、自分の生活に向上を促すための特定の技能や知識、十分なパワーを獲得できるよう支援する実践モデルである。これは従来の「何が問題か」「欠けているか」といった問題に焦点を置くことから「何があって（資源やネットワークなど）、どんなことができるのか」といった強み（ストレングスに着目）に焦点を置いている。誰もが持っている強みや潜在能力を発見し、発展させ、必要なKAS（知識・姿勢・スキル）を習得しながら成長と変化のプロセスへ導くアプローチである（Inaba 2016）。センの人々の選択の幅を広げるケイパビリティアプローチ（セン 1999）、ソウル・アレンスキーの組織化、パウロ・フレイレの意識化とも深

く関連しているといえる。

　この過程においてソーシャルワーカーは、クライエントが個人的な問題と社会経済の構造との関係、抑圧や力関係、政治とのつながりを確認できるように、ミクロ、メゾ、マクロレベルを移動しながらプラスの相互作用を促すことが求められる。例えば、まず、ワーカーとクライエントの関係性の構築とストレングスの発見と整理を行い、次に、問題を解決するための必要なKAS（知識、姿勢、技能）習得を目指し、対象者への意識化とグループワークを通して問題の共有化を図る。そして、この段階でクライエントはフォーマルやインフォーマルな資源やサービスとそのアクセス方法を知ること、プレゼンやコミュニケーション技術を学ぶことも含まれる。最終段階では、クライエントの抱える問題に対して当事者とともにソーシャル・アクションなどを通してコレクティブに政治に働きかけること、社会正義の諸課題に取り組むことも重要である（Dominelli 2012）。エンパワーメント実践には、複雑な社会問題に対して、個人、家族、グループ、コミュニティ、社会、環境という「個人」を取り囲む全てのシステムが相互作用して共存しているという前提のもと、それらの関連性を理解した上で包括的に介入していくエコロジカル・システム・モデルの視点（Germain and Gitterman 1996）も含まれている。貧困が環境破壊をもたらし、それが貧困をさらに深刻化させることからも不可欠な視点である。

3　事例1：大学進学率上昇と新たな社会課題への対応—神戸学院大学・学生の未来センターの取り組み—

　2019年4月神戸学院大学に学生の未来センターが開設された。このセンターの業務は退学を考える学生の相談にのり、学生の抱える困難を少しでも緩和できるよう、ともに考え、その機会を作ることである。特殊な機能があるわけではなく、大学生の現状を教職員が共有し、困っている学生をそのままにしない、という気持ちから動き出している。

ここでは、なぜ退学する学生が増えてきたか、また、退学した学生がどのような生活を送るのか、大学ができることなどについて触れ、前節で述べられた多様化する社会的ニーズ、特に若者を取り巻く状況と対応の方向性について考えていきたい。

（1）社会構造の変化と大学進学率の上昇

1）産業・社会構造の変化

　人々の働き方や住まい方、そして家族の在り方は技術革新を背景に大きく変遷してきた。1960、70年代の高度経済成長期には、１次産業に従事してきた多くの若者が第２次産業、第３次産業へと働き方を変えていった。労働力調査結果をみると、1950年に39.8％であった第１次産業従事者割合は2015年には3.4％にまで減少した一方で、第３次産業従事者割合は、35.8％から69.8％へと大きく伸びた。特に、卸・小売業、医療・福祉分野の伸びが著しい。

　就労の形態も就職氷河期といわれる時代に、雇用側の都合から非正規（有期雇用、アルバイトなど）の採用枠が増加し、現在まで引き継がれている。働き方をライフステージに応じて選べるというメリットが指摘される一方で、若者が非正規で社会人のスタートを切ると良い条件の正規雇用に結び付きにくい状況も存在している。

2）大学進学率の上昇

　約半世紀前にあたる1965年には、大学へ進学する者は、高校卒業者の25.4％であり、特に関心の深い分野の知識を身につけ、専門的な仕事を目指すものであると認識されていた。

　終身雇用が主流である日本では、より安定した仕事を得るためには専門の学びをすることが有利に働くとされ、大学進学率は益々高まり、2017年には高校卒業者の54.8％となった。特に女子の進学率は大きく上昇しており、男子が30.1％から52.2％と２割余り伸びたのに対して、女子は20.4％から57.4％へと、３倍近くの伸びを示し、男子よりも高い進学率となっている。この状

況は就職活動の在り方、働き方にも大きな変化をもたらしてきた。

3）大学に求められる役割

　2018年11月に「2040年に向けた高等教育のグランドデザイン（答申）」が中央教育審議会から発表された。答申が出された2018年に生まれたものが大学卒業を迎える時代にどのような教育が求められるのかを念頭に置いた内容である。

　必要とされる人材像と高等教育の目指すべき姿として、「予期不可能な時代を生きる人材像」と「学修者本位の教育への転換」が示され、普遍的な知識・理解と汎用的技能を文理横断的に身につけ、時代の変化に合わせて、積極的に社会を支え、改善していく資質を持った人材となれるよう、高等教育機関には、個々人が何を学び、何を身につけたのかを可視化し、生涯学び続けられる多様で柔軟な仕組みづくりが求められている。

　高度経済成長時代に、より活躍できる職業を目指し、専門的な知識や技能を身につけるための大学から、今後はどのような環境においても生き抜く上で必要な資質を得る学びの場としての大学への転換が必要とされている。

　これから大きく高等教育の変容が進んでいくことになるが、現在大学に進学している学生はちょうど変革の時期に在学、就職を経験する。社会が求める人材像として、社会人基礎力が求められる中、大学生活で着実にその力を伸ばし、学部での専門教育を通して、学んだことがどのように仕事に生かせるのか就職試験で言語化する必要がある。このような状況で、大学教育の中ではキャリア支援の教育が専門、教養科目ともに重視されるようになってきた。

　現在の大学教育の大きな役割は、最後の教育機関として社会に貢献する人材を育成することにある。社会の一員として力を発揮し、役立っていると実感して生きていける環境づくりの後押しである。

（2）若者の就労の実情

1）若者の失業・就労形態

　労働力調査の結果では、ここ数年、完全失業率の低下が示されている。失業率の低下は社会にとって望ましいことであるが、もう少し詳細をみていきたい。年齢階級別の完全失業率を見ると、2018年のデータでは全体の完全失業率が、2.6％であるが、15歳～24歳では4.1％であり、年齢階級別では最も高く、この傾向は1980年代以降続いている。

　また、非正規雇用（非在学者でパートやアルバイト、契約社員、派遣社員等の正規以外の雇用形態）で働く15歳～24歳の若者の数は2019年4月の時点で240万人であり、2012年からの5年間に23万人増加している。非在学者全体の約3分の1を占め、この内、約4割は正社員として働ける会社がなかったことが原因であり、不本意ながら非正規で働いている。時給ベースの働き方が主流であるため、経験を積んでも給与が上がらず生涯賃金には大きな格差が生じる。新卒一括採用の就職活動が中心である中、非正規就労の若者が置かれている状況は厳しいことが窺える。

2）大学退学者の実態

　果たして、どのような若者が失業や不本意の就労を選択することになるのだろうか。現在、大学への進学率が5割を超え、卒業者の多くは就職し社会人として働くことになる。毎年の新卒者の数においても大学卒業が最も多い。しかしながら卒業生の全てが就職している訳ではなく、現在大学卒業者の就職割合は8割を切っている状況にある。1割余りが大学院に進学しているが、約1割は進学も就職もしていない。さらには、大学入学時と卒業時の学生数には差があり、退学していくものがいる。毎年の退学率は3％程度であるが、4年間では1割を超えると推計される。2014年に行われた文部科学省の調査「学生の中途退学や休学等の状況について」においても年間8万人の退学者いることが示されている。特に、私立大学における退学者数は6万5千人を

超え、退学者全体の8割以上である。

3）退学の理由

　退学理由としては、上記調査によると、2割が経済的理由、転学、学業不
振が15％、就職が13％と上位を占め、5年前の調査時点よりも、経済的理由、
転学、学業不振の割合は増加し、経済的理由と学業不振の増加は顕著である。
また、偏差値の低い大学ほど、退学率が高い状況にあり、進学率の上昇との
関連性も窺える。

　退学した後の進路を決めている者は3割弱であり、先が見えずに退学して
いるものが多いと推察できる。新卒採用の枠組みにもはまらず、新年度から
のスタートも切れずに、ニートや非正規就労で退学後の生活をしているもの
が少なくない状況がみえる。

（3）対応しなければならない社会課題

1）退学に至る経緯の把握

　ここまでみてきたように、大学に進学しながらも様々な理由から退学して
いく若者は多く、進学率が高まる中で、その人数は増加している。進路変更
後の生活を考えるとき、中途退学に対するサポートは現状ではほとんどなく、
その後の生活がどのようであるかについても把握する方法がない。15歳～24
歳の若者の失業率が他年代と比較しても高く、不本意にその状況にあるもの
が少なくない現実は看過できない。

　退学理由で最も多かったのは経済的理由であった。現在、大学生の約半数
は奨学金を受けている。給付型の枠は少なく、多くの学生は借金をしながら
学んでいる。学生にとっては、卒業した後、奨学金を返済できるだけの収入
が得られるのかも大きな不安となっている。大学生活を奨学金だけで賄える
かというとそうではなく、学費のほかに交通費や教材費など、また下宿の場
合はさらに多くの費用がかかる。奨学金だけでは余裕をもって大学生活を送
ることが難しく、アルバイトをしているものも少なくない。アルバイトに力

を注ぎすぎ、単位修得ができず退学にいたるものもいる。このような学生も退学理由として経済的理由をあげる。

　また、近年、入試形態の多様化も進み、特に私立大学では推薦入試が様々な方法で行われ、学力試験を経ずに入学してくる学生の数も増えている。入学者の基礎学力の不足も指摘され、レポート提出に困難を抱える学生や専門的知識習得に課題を抱える学生も増えてきている。単位が修得できず、留年を経験し、退学に至るものも珍しくない。彼らは学業不振を理由として退学していくのである。

　これまで、大学は専門教育機関であるという認識が高く、大学教職員も専門の学びに向かない学生が辞めるのは、自己責任であると認識するものが多かった。しかしながら、入学生の背景は大きく変化してきており、退学に踏み切る前にその状況に寄り添った支援の必要性が生じてきている。結果として挙げられる退学理由ではなく、そこへ至るどの段階に課題があったのかを把握する必要がある。

２）離学学生の特徴分析

　神戸学院大学における退学届の提出状況を見てみると、この数年の間に学業問題で退学していく学生数は増えている。神戸学院大学のデータからは、大学から離学（退学＋除籍）する学生の特徴として以下の６点が分析の結果明らかとなった。

　①男子学生の方が女子学生に比べ離学率が高い

　②１、２年次の離学率が高い

　③留年経験、休学経験は離学のリスクとなる

　④学業問題での退学が増加している

　⑤学部により離学率に違いがある

　⑥入試種別により離学率に違いがある

　これらの結果から見えるのは、入学してからの比較的早い時期から、主には学業問題に直面し、休学または留年にいたる経験を経て離学していくもの

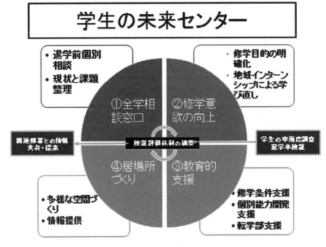

図4-1　学生の未来センターの機能

が少なくないということである。また、学部や入学者の選抜方法によっても
離学率が異なるという事実は、今後の検証が必要であることを示している。

3) 学生の躓きへの早期対応

2016年に学生68名に対し、学生生活の躓きとサポートに関する記入および
面談による調査を行った。その結果から、学生が躓く原因として「学力の不
足（38%）」「人間関係（18%）」「進路未確定での履修（17%）」が上位に挙
げられた。学力不足を感じるのは、「授業が難しいと感じるとき」、また、「課
題をこなすのがしんどいとき」などであり、乗り越えられずに単位習得がで
きなければ退学につながると答えていた。授業の情報入手など、人とのつな
がりが大事であると感じる場面が多いが、頼れる友人を見つける機会が限ら
れていると感じているものも少なくなかった。

あればよいと思うサポートとしては、相談できる場、イベントなどをあげ
ており、気軽に相談できる人（友人や先生）に入学の早い段階で出会える機
会を増やすことを希望していた。

大学を不本意に離れるものは、望まない就労につながったり、ニートに陥

ったりする可能性は現状を見る限り非常に高い。入学した早い時期に相談できる仕組みを構築し、問題を抱えた学生を放置しないことが、全ての学生をよりよい未来に導くことになる。

（4）学生の未来センターの設置と役割

　大学が社会に出る前の最後の教育機関であると考えるとき、大学を去っていく学生に、不適合を承認するだけではない、学びの継続の機会提供や退学時の道筋を見いだす力添えなど、教育機関としての役割の検討を進める必要がある。
　特に、入試選抜の在り方が受け入れる学生の多様化につながっていることもあり、早い時期からの重層的対応の仕組みの構築が大事であるといえよう。
　現状分析を踏まえ、神戸学院大学では、どのような対応が可能であるか検討した結果、学生の未来センターの構築を決定するに至った。

1）学生の未来センターの始動

　学生の未来センターには、4つの機能が備わっている。学生の未来センターには学生支援センター、教務センター、キャリアセンター、全学教育推進機構、および各学部と密接な連携をとりながら活動を展開するものである。今後、目指している活動の方向性と機能について概説する。

①全学相談窓口の設置

　退学に関わる相談は、現在各学部の教員に対応が委ねられている場合が多く、関わり方やアドバイスにも大きな差が生じている。また、相談することなく、教務の窓口に手続きに訪れる学生も少なくない。全く相談することなく除籍となるものもいる。早期に、学生が抱える問題を把握することが必要であり、総合相談の窓口としての機能の構築を行っている。さらに全学の情報を集約することで、早期発見の方法やより有効な対応方法の開発も担う予定である。

A．相談体制の構築

・学生相談室との連携

B．情報分析と発信体制の構築

・早期発見方法・効果的な対応方法の開発

②修学意欲の向上

　退学原因の多くは、学業、学び方における基礎学力の不足や学生の能力に応じた対応ができていないことが影響していると考えられる。入学目的があいまいな学生にとっては、専門の講義や課題は、興味や魅力よりも負担と感じる場合もある。特にこれまでの知り合いがいない大学では、気軽に聞ける、頼める人間関係を早く築けることが、躓きの軽減につながる。さらに、自らの関心に気づく機会は学内だけではなく、学外の人材を含む多くの職業を持つ方々との出会いで深まることも多い。人と出会える場を大学で多く提供できる工夫が必要である。大学にいることが楽しいと思える状況が、大学への愛着のステップとなり、興味関心が深く広くなっていくことが期待される。

A．修学目的の発見

・人間関係づくり交流（先輩学生との接点）

・他学部入門講座体験

B．地域インターンシップによる学び直し

・企業連携による短期業務切り出しによるインターンシップ

・高齢退職者による技術指導

C．単位修得可能な仕組みづくり

・インターンシップ事前事後演習の組み立て

③修学・就労支援

　神戸学院大学を選び入学してきた学生がより良い学びへと誘われるよう、大学内での有用なチャンスについての情報は、学生のニーズに応じて提供される必要がある。学生が退学を余儀なくされる状況にあっても可能な限り、

修学を支援し、どうしても修学が困難である場合には、より良い就労が可能となるような支えが社会に出る前の最後の教育機関である以上必要であろう。また、在学生の半数が奨学金の貸与を受けていることを考えると、経済的理由による退学は減少傾向にあるとはいえ、多様な経済的サポートの方法の開発も必要であると思われる。

 A．転学部・転学科の支援強化

 ・転学部・転学科の情報提供

 ・異動実現のための入門講座の設置

 B．経済的困難を抱える学生のライフプランニング相談

 ・専門的助言が得られる定期的な相談対応の実現

④居場所づくり

 大学に軽度の知的、精神的障害をもった学生の入学が増えてきている。受け入れを進める以上、教職員皆の理解と環境づくりが求められる。国立大学では、障害者への合理的配慮が義務化、私立大学では努力義務となっている。入学者に占める学生が増えてきていることを考えると、障害者への合理的配慮を一層進めていかなければならない。

 学生が授業以外、課外の自由時間や長期の休みなどの過ごしやすい場所づくりに取り組む大学が増えている。一人の空間を創出したり、配置替えができたり、気分や集まる人によって空間構成を変更できる場所は、学生の居心地をよくすることにつながる。訪ねやすいところで、気軽に悩み事などを話せるコーナーを設置し、早い段階での継続相談につなぐ重層的相談体制づくりが期待される。

 A．合理的配慮の推進

 ・教職員の啓発

 ・障害学生支援との連携強化

 B．多様な空間配置の居場所づくり

 ・パーテーション・備品の工夫

⑤検証・評価によるマネジメント

学生の未来センターにはPDCAのサイクルに則って、変化する学生のニーズに柔軟に対応することが求められる。関連する部署との情報共有と協議、学生の離学を防ぎ、より良い人材へと育ってもらうために、常に検証し続けることは大切な役割である。

A.　検証機能の構築

・学内情報及び面談記録の分析、提案

・検証指標の作成

・取り組みの見える化（定期発信、連絡会開催）

2）学生の未来センター設置による派生効果

退学を考える学生への個別のアプローチからスタートするが、プログラムを実践していくとき、以下の4つの派生効果が生じると考えられる。

①労働力の確保が困難である中小企業への貢献

②若者定着を進める自治体の施策への貢献

③社会適応が困難な若者への居場所づくり・学びの機会創出への貢献

④離学による学費収入減の抑制への貢献

（5）新たな連携による地域社会の発展

1）離学防止の意義

大学進学率は、1990年代に入り急速に高まり、現在では、過半数を上回るに至っている。入学してくる学生も多様であり、また、大学の在り様も大きく変化してきた。就職先として、第3次産業を目指すのが主流となり、キャリアサポートも大学で手厚く行われるようになった。社会人基礎力、就職試験を戦うための知識の習得に力がそそがれるようになった。就職活動を行い、内定を得た企業に働き手として就職していくことが当たり前になり、大学では主流に乗れるように学生へのサポートが充実してきたといえる。

一方で、課題を抱えたものへのサポートは十分とはいえず、大学生の卒業

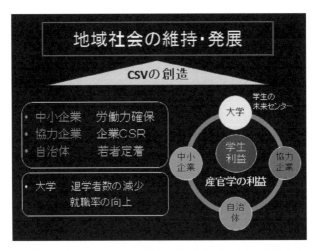

図4-2　学生の未来センター活動の連携による地域社会の発展イメージ

年度までの離学率は１割を超えるまでになった。多くの離学者はキャリア形成を非正規就労から始めており、良い条件の就職につなげていく困難と向き合うことになる。第２新卒枠も設けられるようになったが、離学者はそこからも漏れることになり、未だに新規一括採用が主流である就職活動には乗れず、望まない形での就労形態を続けていかざるをえない状況にあるものが大半である。

　大学は、教育機関である役割を再度見直し、地域資源をも巻き込みながら、若者の未来を創出する取り組みを行う必要が生じてきている。

　離学防止の意義としては、大きく二つにまとめられる。

①離学による「学びの機会の断絶」に対して、離学に至る原因を緩和し、卒業に導く

②「望まぬ形での就労の長期化」を防ぐために、能力開発の機会をつくり、希望の働き方につなぐ

　若者の貴重な４年間ないし６年間の大学生活での学びや経験が、その後の若者の未来を創るためにあることを再認識し、受け入れた学生を大切に育てる取り組みが大学教職員の意識を高め、一丸となる機会となり、離学防止・

就労支援の環境づくりの後押しになることを期待したい。

２）若者の持つ力を地域社会の課題とつなぐ

SDGs「持続可能な開発のための2030アジェンダ」においては、地球上の
だれも取り残さない（leave no one behind）ことを誓っており、途上国に限
らず、先進国での変化に対応したユニバーサルな社会づくりにも力点が置か
れている。

大学は、社会に貢献する人材育成を担う機関であることから、今回の取り
組みは、まさにSDGsに貢献するものであり、大学におけるESDの挑戦とし
ても捉えることができる。

学生の未来センターが機能することで、躓いた学生が自らの能力に気づく
機会の提供を通じ、地域の中小企業へも目を向け、自分に合った将来を考え
ることが可能となる。それは労働力の確保に悩む中小企業の存続にもつなが
る可能性があり、若者の東京流出を食い止めたい自治体の対策にも貢献する。
学生同士の出会いや地域社会でのイベントに多くの企業や関連団体の協力が
あり、その活動を通して企業や団体、地域の人たちも大学生の置かれている
状況を知り、大学を社会資源として活用することにもつながる。産官学挙げ
ての取り組みが、関わる全ての機関、人のCSVの機会となり、地域社会の維
持発展を促すものとなるよう期待される。

４　事例２：若年就労困難者への労働機会の創出—学習の場で生まれた新たな商品開発の取り組みを通して—

大阪府箕面市の隣保館を拠点に権利擁護や若年層の就労支援などを行う
「NPO法人暮らしづくりネットワーク北芝（以下、北芝）」とアパレルブラ
ンドの小売業を中心に多角的な事業を展開する「株式会社アーバンリサーチ
（以下、UR）」のパートナーシップに基づく生産活動により、若年就労困難
者の労働機会を創出してきた事例を紹介する。学習の場の組織化を通して、

組織原理を異にする営利と非営利の協働が実現した実践例である。本節では、生産活動に直接関与する主体間の関係性を読み解き、事業化に至った要因について考察していく。

（1）企業が抱える課題把握

　URでは、店舗のバックヤード、オフィスワーク、ストックヤード（倉庫）の管理業務の中から、障害のある社員に適性の高い業務を切り出してきた。しかしながら、年々売り上げ、従業員数ともに伸びており、相関して法定雇用数も増えている。こうした状況の中で、業務を切り出していくには限界があり、法定雇用数を確保していくことが困難な状況であるとのことであった。特例子会社の立ち上げも視野に入れてはいるが、どのような業務を割り当てるかなど検討すべき事項は尽きない状態である。また、現在雇用する障害のある社員のなかには、欠勤が続くケースや、業務中のコミュニケーションが困難なものもいる。このような障害者を現場で管理する社員からは、通常業務に加え、余計なコストが生じているなどの不満の声もあげられているとのことである。

　一般社員が業務内で担える仕事をあえて切り出すことは本来不要な人材配置を敢えて行う「消極的雇用」である。こうした雇用のあり方では、一般社員と障害者の間で、序列が生じる。また、経済的合理性を重要視する企業組織の原理には反するものであり、どこかで無理が生じることは明白である。そのため、URにとって、新しい価値を生み出す事業や抱える課題の解決の担い手、必要人材として障害者を位置付けることが必要であった。

　URの聞き取りを通して、現在展開している食品加工の自社生産化の可能性やアパレル業界の共通課題とされているデッドストック製品の廃棄コスト（経済性・環境負荷）が課題であることが明らかになり、この2点の課題解決の担い手として、障害者の雇用機会を生み出す方法を検討していくことになった。

表 4-1　研究会メンバー

研究会　参加メンバー

	所属	役職	主要な事業
営利法人	株式会社アーバンリサーチ	執行役員 社員	アパレルブランド・小売
	株式会社 A	社員	バリアフリー事業のコンサルティング
	株式会社 B	代表者	障害者雇用のコサンルティング
	株式会社 C	センター長	障害者就労移行支援事業
非営利法人	NPO 法人暮らしづくりネットワーク北芝	事務局長 職員 若者	隣保館・若者支援事業
	一般社団法人 D	代表者 理事	羽毛製品のリサイクル事業
	任意団体 Coular Recycle Network	デザイナー	廃棄衣料のアップサイクル・研究
研究者	E	教授	公衆衛生学
	F	助教	社会福祉学

ゲストメンバー

営利	有限会社 G	店長	フェアトレードの小売
非営利	一般社団法人 H	主幹	SDGS 総括本部
非営利	I	教授	国際開発
非営利	社会福祉法人　J	施設長	社会福祉事業

株式会社アーバンリサーチ	NPO 法人暮らしづくりネットワーク北芝
1974 年に門真市にてジーンズカジュアルショップを創業、2001 年に社名をアーバンリサーチに変更した。主にメンズ・レディースウェア、家具などの企画・販売・製造を行うアパレルブランドであり、現在では、15 の自社ブランド、268 店舗を展開している。その他、食品飲食事業やイベント事業など多角的な事業展開を行っており、約 1500 名の社員が在籍している。2018 年度の売り上げ実績は、およそ 715 億円であり、昨年度比 30 億円の増加となっている成長著しい企業である。	非営利法人営利法人　暮らしづくりネットワーク北芝（以下、北芝） NPO 法人暮らしづくりネットワーク北芝は、箕面市の被差別部落である北芝に拠点をおく法人である、北芝部落解放同盟の活動から、地域外との連携や協働活動を展開するために組織された中間支援組織として 2001 年に法人化した。2010 年からは、箕面市の公共施設（箕面市立萱野中央人権文化センター）の指定管理委託事業を受託し相談・交流・啓事業を基礎にした箕面市での人権行政の担い手としても活躍している。中間支援としては、チャレンジショップの展開や、コミュニテイレストランなど、若者が地域でチャレンジできる場を提供している 。また、2010 年より、グループ法人として合同会社イーチを設立し、市営住宅の管理業務や緊急雇用事業を活用した農と食にまつわる事業展開など企業活動を通して地域貢献のできる組織として北芝の先進的な取り組みを牽引する社会的企業といえる。

（2）グループダイナミックスの創出

1）研究会の概要

　地域福祉のアプローチとして障害者など就労困難者の雇用機会の開発に向けて、URが抱える課題に対し、具体的な「方法」を明示し、「事業化」により解決していくことを目的におき、多様な主体の参加を得ながら学習の場（研究会）を組織化し、介入するアクションリサーチの手法を用いて事業化形成プロセスの可視化を行った。

　①メンバーの選定、②議論テーマを設定し、研究会を企画し、学習の場の運営・進行管理などを通して、グループダイナミックスの変容などの観察、交わされた言説を収集し記録化、また、関連付けられる学習の場以外の非公式な場面におけるメンバー間のコミュニケーション（メール）などの言説なども活用している。

　学習の場に参加したメンバーは**表4-1**の通りであり、本稿において、特に主要なメンバーの所属については概説を付記しておく。

2）事業化までの形成プロセス

①企業が抱える課題把握

　まず、URの「消極的雇用」について、問題の本質は、その他一般的な企業にも共通して見られる行動原理や思考様式などの組織文化にある。そもそも、URの事業範囲から福祉とは関係が遠いことは理解出来る。そして、入職や昇進といった人事制度も能力評価を当然とした営利原則に基づく労働組織である。経営陣、社員を含め、会社として社会福祉の価値に触れることや、障害者等の当事者理解や支援のあり方を学ぶ機会は極めて少ないといえるだろう。つまり、障害者雇用を進める理由として、法令上の義務意識以外に動機付けられる要因が見当たらない。

　こうした推察については、UR社員への聞き取りを何度も行い問題の明確化を図っていった。

②研究会の組織化

URの抱える課題が組織文化や行動様式によると考えられることから、基本的な知識や経験を付与していくと同時に、一人一人の意識変容を促していくことが求められる。それは、単に企業サイドにのみ押し付けるものではなく、社会福祉の専門職等、障害者雇用を推進する立場の者が企業サイドの論理を理解していく相互性に基づく対話のプロセスを組み立てる必要がある。したがって、主体間の学び合いの場を設けることがまずは先決であるとの見解から学習の場を組織化することとなった。また、本件をURのみならず、他の企業も同様の課題を抱えているという認識にたち、学習の場で得られた知見、経験を蓄積し波及していくことをねらい（戦略）として、多様な企業や職種の者が参加できる研究会と位置付けた。

したがって、研究会は、URの課題解決にのみ焦点を絞るのではなく、広くテーマを設定し「障害者などの就労困難者を対象に、企業への就労による参加を図る方法（就労移行）から、新しい働き方の開発まで、当事者を中心におき、多様な主体間の議論を通して模索し、具体的かつ持続性の高い事業の企画から実施、振り返りを行うための実践型研究会」として組織化を図っていった。メンバーについては、障害者福祉や障害者雇用の専門職をはじめ、食品加工の自社生産化や課題としてのデットストック衣料の廃棄問題について、知見を得ることが可能な人材を、企業や研究者など立場を問わず選定し、呼びかけていった。

③研究会の構成とテーマ決定

研究会は、二部構成とした。一部は、話題提供として、障害の理解、企業の社会的事業の意義や意味を実践事例や理論的な学びから共有する。二部では、これらの知見をもとに、URの課題にいかに取り組むかをディスカッションしていくこととした。また、呼びかけたメンバー全員が介して実施する研究会を全体研究会とした。全体研究会は、障害当事者の理解をはじめ障害者雇用の価値や意義を共有していくためのものである。課題解決の具体的な

表 4-2　研究会の概要

	参加者	テーマ	ねらい
2017 年 4 月	・営利（UR・A・B・C） ・非営利（D） ・大学（E・F） 　10 名	障害者労働の意義と企業の役割（企業 A・B）	・障害当事者の生きづらさと同時にスト 　レングスの理解の促進 ・上記を踏まえた A 社の役割の確認

【フィードバック】
・食品加工の自社生産化に向けた農福事業を検討するためのワーキンググループを形成。
・UR が企業 A の実施する研修に参加（障害者とのコミュニケーション研修）。

	参加者	テーマ	ねらい
2017 年 5 月	上記に加えて、CRN デ ザイナーが参加	・CRN の取り組み ・障害者就労移行支援事業の実際（企業 　C） ・大学退学者の貧困化とその対策（大学 　E）	・アップサイクルに係る研究者ネットワ 　ークの構築 ・障害の基本的知識と就労に関わる環境 　づくりのあり方について検討。専門職 　との連携、協働をいかに図るのか議論 　に及んだ。また、大学生のドロップア 　ウトの対応について、中退後制度の間 　に陥り、貧困化していく問題につい 　て、若年層の労働問題についてその要 　因と対応策を考えていく契機となっ 　た。

【フィードバック】
・障害者雇用の場とケアが断絶することなく、連続性が重要であることが確認された。必ずしも企業へ通勤する形態
　の雇用のあり方だけではなく、福祉事業所との協働することで、当事者と企業双方にメリットが生まれる可能性に
　ついて議論する契機となった。

	参加者	テーマ	ねらい
9 月	ゲスト　有限会社 G	フェアトレード・エシカル消費の実際	・フェアトレードの意義と日本における 　マーケットの現状を理解し、サステナ 　ブルに資するものづくりの今後の可 　能性を検討

【フィードバック】
・フェアトレードやエシカル消費の意義については理解が深まった。しかしながら、マーケットとして、今後も拡大・
　定着していく可能性が低いとの見解が多数を占めた。根本的にものづくりの品質が問われるのであり、「フェアトレー
　ド」という名目だけで販路が広げる見込みが現状では薄いとの見解に至る。その上で、こうした社会的意義に基づく
　ものづくりの難しさをいかにして実現していくか建設的な議論が交わされた。

	参加者	テーマ	ねらい
12 月	北芝が加入 ゲスト　一般社団法人 H・大学 I	SDGs の支援に関する企業の位置付け 被差別部落の人権問題の歴史とまちづ くりを通して NPO の存在意義と非営利 領域との協働の可能性を模索する。	・フェアトレードに限らず、企業が社会 　的事業を担う必要性を「SDGs」を通 　して理解を深め、17 番の目標にある 　パートナーシップの重要性を踏まえ 　て、具体的なアクションに結びつけ 　る。 ・人権とは何か、被差別部落の歴史から 　学ぶと同時に、北芝のコミュニティづ 　くり、若年無業者の支援や仕事づくり 　について FW を通して学ぶ

【フィードバック】
・SDGs に対して、企業がどのようにコミットメントしていくことができるのか、NPO などとのパートナーシップを
　視野に入れた具体的なアクションを考える契機となった。また、北芝のコミュニティづくり、仕事づくりの実際を
　学びあうなかで、北芝と UR、CRN の間で協働関係構築の兆しが見え WG を組織化するに至った。

	参加者	テーマ	ねらい
2018 年 9 月	ゲスト　社会福祉法人 J （訪問）	先進的な社会福祉法人の FW を通して 障害等当事者参加型地域づくりの実際 を学ぶ。当該法人は、障害・高齢等のデ イ・就労支援を温泉やカフェなどを展開 している大規模法人である。	・ケアに軸を置きながら、誰もが参加で 　きる場づくりについて体験を通して 　学ぶことで、参加者それぞれの事業の 　福祉化を図り、かつ、実現可能性を高 　めること。

【フィードバック】
・参加メンバーの立場を問わず、カフェや温泉などの経済活動、そこに一般客と障害者が場を共にしているリアリテ
　ィに触れることで、社会福祉事業と経済活動の両立の可能性を体験的に学ぶ機会となった。また、こうした取り組
　みに至ったストーリーを知ることで、活動に対して「使命」をもつことの意義について確認できた。つまり、社会
　的目的に向けた協働により「新しさ」ただし、当該法人の事業規模が大きく、それぞれが真似をするには財源的障
　壁を感じるメンバーがほとんどであった。

事業アイデアの兆しが見えた時点で、必要な少数メンバーが議論を深め、協議していくためのワーキンググループを組織し、実現性を高めていく場を設けるというプロセスで進めた。**表4-2**は、全体研究会の経緯を示したものである。テーマやねらいはメンバーの意見を組み入れ、ディスカッションを通して得られた知見の要点や議論上の課題をフィードバックしている。表にあるように、全体研究会は、2017年4月から2018年9月に至るまでに4回開催しており、その他、ワーキンググループやフィードバックを目的とした懇親会なども開催している。

④ワーキンググループの自律性とモニタリング

　農福連携事業とデットストックの再活用を目指した2つのワーキンググループが立ち上がった。前者は、研究会を企画する段階で、URとの意見交換から実現性が高い取り組みであると判断し、初回の全体研究会後、すぐにURと株式会社プラスリジョンをコアメンバーに置き立ち上がった。しかしながら、自社生産化を通して、障害者雇用を進めるには財源的制約など幾多の壁が立ちはだかり、結果的に事業化には結びつかなかった。後者は、第3回目の北芝を会場にした研究会後に立ち上げが決まった。第2回目の研究会から参加した京都工芸繊維大学の研究室から生まれた「Coular Recycle Network（CRN）」のデザイナーが研究してきた、衣料を色で分類し、圧縮成型することで、別の素材へ変容させる革新的なアップリサイクル技術について、また、北芝の取り組む事業の実際、職員、若年就労困難者との出会いの経験を経たUR社員が、協働することで事業化の可能性を感じ、ワーキンググループを立ちあげることとなった。以降、三者間を中心に協議が進められていった。

　他の研究会メンバーは、製品化の協議には直接コミットせず、三者間の協議が潤滑に行われるように調整し、また、適正化が図られるようにモニタリング、側面的なサポートが役割であった。

　その後、URが、商品の構想からブランディング、マーケティングまでの

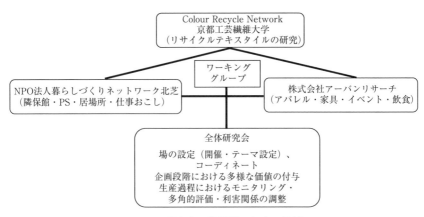

図4-3　研究会の位置付けとその役割

ディレクションを担うことになった。CRNは、素材（生地）を生成するための具体的なフローを計画し、北芝は、居場所に集う若者が可能な作業工程として、URの倉庫において、デットストック衣料の色別の回収、また、縫製を担うことで役割を得ることになった。こうした協議によりURのサステブルプロダクトブランドとして「COMMPOST」が生まれ、第一弾の商品として「MULTIPURPOSE BAG」が全国13の店舗で販売が開始された。現在（2019年7月時点）もURが展開する自社ブランドDOORSの店舗において販売されている。

⑤事業化による成果

　売上高は非公開であるが、生産拠点の増設の必要性があるとのことから、収益的には好調であると言えるだろう。なお、今回の生産活動がURの直接的な障害者雇用数に組み入れられることはなかったが、URは、SDGsを推進する企業である立場を公示し、サステブルプロダクトを進めていくための部門をあらたに設置した。同時に、特例子会社の設立に至った。

　北芝は、この生産活動を通して、就労困難な若者5名をはじめ地域の高齢者等8名ほどに対して、緩やかな就労機会を生み出すことができた。一般的

な雇用条件（通勤、定時刻の出勤義務、ノルマなど）では働き辛さを抱える若者や高齢者に対しては、来たい時に仕事ができる場として位置付けた。その他、様々職業経験を持つ地域住民の力も集積しながら、作業効率を高める努力を通して、生産目標をクリアしてきた。そのため、北芝スタッフを除き、若者や高齢者、地域住民の労働対価はバラバラであるが、1日2、3時間の作業に従事した若者に対しては、2万円ほどの賃金を支払っている。今後は、こうした緩やかな働き方でも、経済的な自立に結びつけるようにしていくことが課題である。

　ただ、経済性以上に、北芝の若者の相談支援に従事している職員からは、これまでプログラムには一切参加しなかった気にかけていた若者が「この仕事やったらやるといって参加してくれた」ことに成果を得たとの声もあった。また、若年就労困難者と職員だけではなく、地域住民がそれぞれの経験や技能を活かし、作業が効率的に進められるように協力してくれたり、実際に縫製作業を手伝うなど、多世代で活動できたことも新しさがあったとのことであった。また、生産拠点の増設に対して、他の非営利主体に働きかける、ネットワークのハブ的役割を担うこととなっている。CRNとしては、一つの研究の応用実験を終え、法人化を図ることで他の企業でも活用出来るように

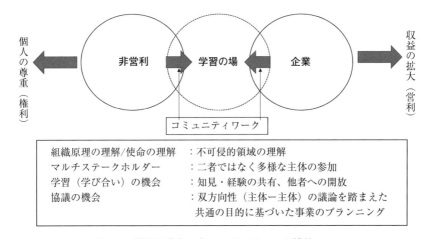

図4-4　学習の場とコミュニティワークの機能

窓口を開設する予定である。

（3）共同商品開発の検証

1）研究会の役割

　紹介してきた事例の特徴は、原理の異なる二つの主体を結びつけるため、学習の場を組織化し、「共益性」を担保してきたことである。

　北芝は、人権に価値規範をおくことから、一人一人の権利を擁護する個別化の方向性に議論のベクトルが向く。他方のURは、経済的合理性、営利原則に従い、組織としての利益を得ることがコミットメントの最低限度の条件となる。これら、相反するベクトルを結びつける機会として学習の場（研究会）が位置付けられる。

　この学習の場から協議の場としてのワーキンググループが生まれ「就労困難者一人一人の尊厳を尊重し無理の生じない就労の機会を（北芝がコミットメントする意義）、革新的な製品を協同生産し利益を確立していくことで開発する（URがコミットメントする意義）」ことを目的とした商品が生まれた。

　ここで、論点となるのは、「利益」である。企業である以上、利益は金銭的リターンを指す。ただ、その点だけを追求すれば、生産コストを下げるために、北芝ではなく、外部に委託するという選択肢がうまれる。つまり、URと北芝が協働関係を築いた要因として、「COMMPOST」の着想から製品化に至るまで、多様な立場のメンバーが研究会に参画し、それぞれが培ってきた経験や知識、技能を社会的目的のために開放してきたマルチステークホルダープロセスによる協議を経てきたことが一つの要因であるといえよう。また、こうした活動の価値を、社会福祉など異なる立場から意味付けしてきたことが金銭的対価とは違う付加価値としてURへの対価となっているといえる。そして、一つの主体が、利益の独占をはかることなく、共益性を担保することを可能とした。いわば「コモンズの悲劇」を乗り越えることができた。同時に、URが、生産プロセスに北芝の理念や使命、そして、具体的な役割を組み入れて「COMMPOST」のブランディングをおこなったことも

大きな要因である。北芝を抜いてはブランドとしては成立せず、協働することを約束した一種の契約関係を結んだことになる。

2）社会的居場所と経済的活動

　協働がもたらす成果は、制度的同型化の圧力に対抗する方法を示したことになる。基本的に障害者の作業所などの生産活動の考え方は、「プロダクトアウト」であり、一人一人が役割を持てることを起点に取り組むべき仕事を考えていく。対して、企業は、マーケンティグを通して市場での購買予測をもとに生産を行う「マーケットイン」の考えかたに軸足を置いている。つまり、一人一人のできることを仕事化する手法と販売予測をもとに生産計画をたて、そのプロセスに社員一人一人を組み入れるという方法との差である。経済性を追求する場合、後者が優位に立つことは言うまでもない。こうした論理を北芝に埋め込むのであれば、市場システムへの制度的同型化に陥ることは必然である。しかし、北芝の組織使命であり存在意義でもある権利に基づき、存在を受け止めるといった理念について、対話を通してURサイドが理解し、他方、北芝は、URの生産目標の中で、できることを明確に提示してきた結果、無理のない生産活動が実現できている。

　社会的居場所について、福原（2012）は、「退避する空間、人間関係を構築する空間、社会への参画の起点としての空間、緩やかな時間の中で自分の近未来がみえてくるに導く」機能が備わったコミュニティであると捉えている。こうしたコミュニティに経済的機能を追加し並存することができたことで、「これからも続けたい」という若者の意欲を喚起する機会となり、「自分たちが作ったものがおしゃれなお店で、おしゃれな店員さんが丁寧に説明してくれながら販売してくれていて嬉しかった」との喜びが育まれた。

3）課題としてのプラットホームへの転換と機能強化

　市場システムへの制度的同型化への批判的立場を示してきた一方で、この商品が市場評価を受けていることで成立した協働関係であるともいえ、この

ことは今後の課題でもある。売り上げが目標を下回った場合、企業が活動を
継続していくことは困難であり、北芝などの非営利主体の就労機会も奪われ
ることになる。今回は、URの資本力や商品開発力、販売に対する経験に依
存することで、実験的な取り組みとして生産活動に取り組めた。しかし、資
本力をもたない企業の場合、社会的目的がどれだけ崇高であっても、そもそ
も金銭的な利益率が低い取り組みに長期的な協議のコストをかけることは難
しい。こうした課題に対して、欧州の社会的企業論が有用性を持つと考える。
互酬・市場・政治の原理を媒介する場として社会的企業を位置付けている点
である。それぞれの原理への制度的同型化圧力に抗っていくための組織化の
方法、マネジメントを考えていく上で重要な示唆に富むものと考える。欧州
では、各国の状況は異なるが、法人制度が整備され、公的な役割が明確に示
されているケースも多い。多くは、起業や活動に対する支援や活動拠点の確
保に対する資金的補助である。また、優先調達制度も日本に比べて充実して
おり、活動にかかる固定経費などのインフラに対する資金源的担保が得やす
い環境である。そして、こうした個々の社会的企業を支援する中間支援組織
が明確に位置付けられている（藤井 2016）。

　日本の場合、法人制度はまだないが、多様な主体の参加をもとに、持続性
の高い生産活動に対する創発性を高めていくための政治的役割を明確にして
いく必要がある。そして、多様な主体が出会い、学びあえる場としてのプラ
ットホームを各地で展開できるようなインフラをいかに整備していけるかが
大きなカギとなる。

5　社会的レジリエンス強化に向けて―コレクティブ・アクションの 課題と展望―

（1）コレクティブ・アクションの必要性

　「我々の世界を変革する：持続可能な開発のための2030アジェンダ」の呼
びかけを見ると、その中の「新アジェンダの歴史的意義」には、「貧困を終

わらせることのできる最初の世代になり得る。同様に、地球を救う機会を持つ最後の世代になるかもしれない。」という記述がある。簡潔な表現ではあるが、使命感と畏怖を感じさせる深遠なメッセージであるといえる。過去にとらわれない発想と行動が必要であり、さらには、継続した社会発展は自然発生的に担保されるものではなく、今、我々の手中に選択肢としてのっている現状を示している。

　貧困にある人々への働きかけを積極的に担ってきたソーシャルワークは、人々が生活に支障をきたしたとき、治療的、救済的にサービス提供を行う実践を通して発展してきた。実践の基盤には、レジリエンス、公平性、社会正義の理念があり、実践方法が体系化されてきた。しかしながら、貧困には経済的境遇、物質的状態だけではなく社会的地位など、様々な側面があり、対応の難しさが指摘されてきた（ポール・スピッカー 2008）。人々の生活が長期にわたり一定の地域社会の中で営まれる場合には、人々が失くしたものの補完は、人々との関係性の中で可能であることが多かったが、社会経済の変化は、人々の働き方、住まい方、家族や地域の在り様を大きく変化させてきた。個人や世帯の生活の質に着目した支援では問題解決が困難となった。

　ニーズが生み出される社会背景も多様化する中で、ソーシャルワークの対応にも予防的、開発的側面が求められるようになってきた。つまり、ニーズを抱えた個人のKASを高め、健康な状態で、経済的参加へと導くと同時に、より早い段階、場合によっては、ニーズを生み出す背景となる環境への働きかけを行うことが求められる。そのためには、教育、福祉、保健、医療等の実践を通して、これまでうまくいかなかった原因を克服し、必要に応じて対人援助にはとどまらない多くの他者とのつながりを生み出す戦略が必要となっている。対症療法的なサービス提供にとどまらず、リスクへの働きかけに予防と社会開発の視点をもった社会開発ソーシャルワークは、地域社会の特性を踏まえ、様々な主体が協働し経済活動と結びつきながら計画的戦略的活動を展開するものであり、コレクティブ・アクションの中心となっていくことが期待される。

（2）課題と展望

　第1章において「レジリエンス」は単なる復元力ではなく、変化する環境に合わせて、流動的に姿を変えつつ目的を達成する力であると記されている。大きな目標に向けて様々な主体が柔軟に協働して展開していく活動には、レジリエンス強化につながる無限の可能性があるといえよう。

　これまでの福祉制度の狭間や限界にチャレンジすべく、新たな他者とのつながりで対応するコレクティブ・アクションが育ってきている。第3節、第4節で紹介した事例では、各主体の抱える課題を明らかにし、課題解決に向けたそれぞれの新たな関わり方を柔軟な発想により結びつけ体系化することができていた。環境の変化に対応していくためには、変化が引き起こす課題に触れ、各主体ができることを考え発信し、協力し合う関係性を生み出す場づくりが必要である。柔軟な発想とそれをつなぐ場の構築を地域社会においてどう作り出すかが大切なポイントとなろう。気づきを広げるためには、多くのモデルの発信が必要である。それと同時にチャレンジを後押しする政策的枠組み構築への動きもつくる必要がある。

　多くの人々はルーティンに追われ、日々の恒常性から抜け出すのは難しい現状にある。他者や取り巻く環境への視野をどう広げるかは大きな課題である。気づきを促し、深め、新たな発想につなぐ機会が十分とは言えない中で、どう人々の力や人々が属する組織、機関の力を社会的レジリエンス強化につなぐことができるであろう。これまで行ってきたニーズを抱えた個人のエンパワーメントを通して、ニーズを引き起こす原因の共通点を見いだし、環境への働きかけによる社会変革を促していく政策的取り組み、言い換えると、だれもが成長を実感し、生きていける地域社会づくりの構築が待ったなしで求められている。

　今、手中に選択肢としてのっている継続した社会発展のチャンスを逃さないよう、私たちの過去にとらわれない発想と行動にコレクティブ・アクションも大いに貢献ができると考えられる。

114

6　おわりに

　SDGsの目標達成のためには、地域社会が大きな役割を担っている。私たちの日常生活は、家庭、学校、職場、近隣地域社会などで営まれており、安心して安全な生活を過ごすためには、必要な社会資源を地域社会から入手することが必要となる。そのためには私たちひとりひとりが地域社会の形成や構築のために取り組むことが重要となっている。地域社会で起きる生活問題は複雑な要因が絡んでいるため、地域社会の資源不足、住民の連帯意識の希薄さ、住民の主体性の形成、他者とのつながり作り、多世代交流と連携、居場所やそのような関係づくりを前提とした相互扶助に取り組むことが重要である。しかしながら、個人化している社会においては何か自分に起こらない限り、問題を他人事として捉えがちである。生活問題は社会福祉の対象とする貧困者、子ども、若者、障害者、高齢者などに地域福祉の課題として長期化、固定化した問題として一層厳しくあらわれることが多く、その結果、社会から取り残されてしまう状況になる可能性が高い。物質的に豊かな社会において、生活の量から質が問われている今、地域の連帯や人とのつながり・関係性が薄れたことが多くの社会問題の原因の一つとして報告されている。日本の幸福度が低い（2018年54位）こととも関連しているのではないだろうか。

　このような社会問題がさらに複雑化しないうちに住民や当事者を組織化し、発見し、多様なニーズの受け皿を用意することが求められている。それには、地球規模で起きている問題を地域社会の問題と関連付け「我がこと・丸ごと」として捉えて、既存の制度・サービス中心の社会福祉から、コレクティブで先駆的な取り組みに挑戦しながら、新たな地域づくり、まちづくり、地域開発の方向に議論が向いている。これらの活動に取り組む際に、SDGsの活動や社会開発に関わっている人々にソーシャルワークへの関心と理解を深めてもらうことによって、福祉と教育、農業、ビジネス、アートやスポーツなどのさまざまな分野と連携し、新たな領域を広げることが可能になる。

本章で取り上げた二つの事例は、大学と地域社会で展開された社会開発の特徴である投資的戦略を組み込んだ実践例として紹介される。持続可能な社会の実現に向けて、誰も取り残さないインクルーシブな社会のあり方を考えるうえで、若者が社会の一員として自分らしく生きられる社会を目指した取り組みから多くを学ぶことができる。

　最初の学生の未来センターの事例では、そのままにしておけば大学からも社会からも取り残されてしまう可能性が高い学生を対象にしている。このような状況に早期に対応するため、大学内で人と社会とのつながりを築き、若者の潜在能力を引き出し、働き方や生き方の選択肢の幅を広げることを目的としつつ、同時に地域内の中小企業の人材不足と地域からの若者の流出という地域課題に取り組むという点が特に重要である。終身雇用が崩れ、社会の変化に伴い多様な学び方と学び続ける仕組みが必要となっている。この事例は、大学という教育の場において大学を離学もしくは離学寸前という学生に対して、人や社会のつながりや関係づくりの必要性に着目し、同時に大学が地域とつながることにより地域が抱える諸課題にも取り組もうとするものである。すなわち、大学側が現場での多様な学生のニーズの実態を把握し、そこから学び、新しい役割と機能を持つセンターを設立することに至ったものである。これを「大学におけるESDの挑戦」として捉えており、大学の役割や機能が問われているなか、いかに社会において人を支える、地域を支える担い手を育成するのか。学生の未来センターの活動は、個人に丁寧に寄り添うことにより、個人のやりたいことや生き方を考えながら夢や未来につなぎ、地域社会が求める人材確保を通して地域創生（地域開発）に貢献する例だといえよう。今後の展開に注目したい。

　二つ目の事例は被差別部落において当事者、企業、地域一般住民および関係者の参加と協働の「学びの場」を組織化し、当事者を中心に置きつつ就労困難な若い障害者の雇用を生みだし、地域づくりに貢献するものである。地域福祉研究者とコミュニティワーカーとして関わった執筆者が、課題を克服するために「つながり」に着目し、多様な人々の対話の場を作り、地域内の

社会資源を活用しながら、課題や不利とされる条件を転換し、雇用機会を生み出し、新たな地域資源を開発したものである。一般的な就労につくことに困難を伴うことが多い若年障害者が、世間でよく知られているブランドの商品生産に携わることで、自分のできることや役割を担い、自己効力感の向上やエンパワーメントにより、社会の一員としての社会的承認を得られる活動として着目される。SDGsの環境（廃棄物の再利用）、社会（抑圧されている人々と地域へのエンパワーメント）、経済（雇用創出）の諸課題について、ノーマライゼーションという福祉理念を基盤として新しいコミュニティの形成に取り組んでいる。これまでの社会福祉の枠組みでは捉えられてこなかった社会的企業というアプローチも含めて、営利と非営利の協働のあり方をダイナミックなものにする多くの示唆を提供しているといえよう。

　SDGsの目指す持続可能な社会には内発的発展が求められる。鶴見和子（1999）によれば、内発的発展は「それぞれの地域の生態系に適合し、地域の住民の生活の基本的必要と地域の文化の伝統に根ざして、地域住民の協力によって、発展の方向と道筋を作り出していくという想像的な事業」であると説明されている。そのような想像的な事業を模索するなかで重要なことは、資本主義経済体制が重視する利益の最大化と競争を超える持続可能な共生社会を築くことが必要ではないか。それには信頼や連帯を重視する思想や価値観がこれからの社会の中枢に求められるだろう。真の豊かさや幸せを実現するためには、人々が支え合う、助け合う、連帯し合う価値を共有し、変化する今日的課題に対して主体的に考え、多様な主体と協働しながら行動に移すことのできる人を育成することが求められている。ESDの教育アプローチは、一人ひとりが主体性を養い、「個」を尊重し、自己肯定感を高めつつ、自由、正義、公正という思想や価値観を共感できる個人を育てることも〈深いESD〉の鍵概念に含まれている。そのような個人が増えることによって、現代社会に潜む多様なリスクに対応できるレジリエンスが高まることにつながるだろう。これからESDと社会福祉やソーシャルワークがつながり、一緒に連携できる事業が広がっていくことを期待したい。最後に、本章を通して社

会福祉やソーシャルワークについての理解が少しでも深まれば幸いである。

参考文献

Augustine, J., E. O. Cox and M. Inaba.（2019）The Social and Solidarity Economy in the US: Potential Linkages to Social Work and Related Social Justice Movement. http://unsse.org/wp-content/uploads/2019/07/231_Augustine_SSE-in-the-US_En.pdf（2019年7月14日最終閲覧）

Dominelli, L.（2012）*Green Social Work: From Environmental Crises to Environmental Justice.* Cambridge, UK: Polity Press

Gitterman, A. and Germain, C. B.（1996）*The Life Model of Social Work Practice: Advances in Theory and Practice.* New York, NY: Columbia University Press

Gutierrez, L. M., R. J. Parsons, and E. O. Cox.（1998）*Empowerment in Social Work Practice: A Sourcebook.* Pacific Grove, CA: Brooks/Cole Publishing Company

Kawano, E.（2018）Solidarity Economy: Building an Economy for People & Planet. Retrieved from https://thenextsystem.org/learn/stories/solidarity-economy-building-economy-people-planet

Midgley, J.（1995）*Social Development: The developmental perspective in social welfare.* London, UK: Sage

Midgley, J.（2018）Social Development, Asset Building, and Social Investment: The Historical and International Context, *Journal of Sociology & Social Welfare*, Vol.45 No.5, pp.11-34

Midgley, J. and A. Conley（Eds.）（2010）*Social Work and Social Development: Theories and Skills for Developmental Social Work.* New York, NY: Oxford University Press

Pawar, M. S.（2014）*Social and community development practice*, New Delhi, India: Sage

Sherraden, M.（1991）*Assets and the poor: A new American welfare policy.* Armonk, NY: M. E. Sharpe

Sherraden, M.（2018）Asset Building as Social Investment, *Journal of Sociology & Social Welfare*, Vol.45 No.5, pp.35-54

青木千帆子（2011）「障害者の就労場面から見える労働観」『解放社会学研究』第2号、2~9ページ

阿部彩（2008）『子どもの貧困』岩波新書

アマルティア・セン（1999）『不平等の再検討―潜在能力と自由』岩波書店

伊藤修毅（2013）『障害者の就労と福祉的支援―日本における保護雇用のあり方と可能性』かもがわ出版

稲葉美由紀（2017）「豊かな国のなかに広がる貧困―アメリカにおける貧困とグラ

　ミン・アメリカ」『国際社会学入門』ナカニシヤ書店、153～163ページ

岩田正美（2009）『社会的排除―参加の欠如・不確かな帰属』有斐閣

川本健太郎（2015）「社会参加を促進する社会的企業　障害者の労働参加の事例から」
　牧里毎治監修『これからの社会的企業に求められるものは何か　カリスマから
　パートナーシップへ』ミネルヴァ書房、46～59ページ

厚生労働省（2008）『これからの地域福祉のあり方に関する研究会報告書』

総務省統計局（2019）『労働力調査平成30年』

鶴見和子（1999）『コレクション鶴見和子曼荼羅〈9〉環の巻―内発的発展論によ
　るパラダイム転換』藤原書店、32ページ

中央教育審議会（2018）『2040年に向けた高等教育のグランドデザイン（答申）』

内閣府経済財政運営担当（2012）『雇用戦略対話（第 7 回）　若者雇用を取り巻く
　現状と問題』

直島克樹・川本健太郎・柴田学・橋川健祐・竹内友章（2019）「地域福祉としての
　社会起業論に関する考察―労働・権利回復への視点と社会福祉内発的発展論の
　再評価―」『川崎医療福祉学会誌』第28巻第 2 号、345～357ページ

西垣千春（2011）『老後の生活破綻―身近に潜むリスクと解決策』中公新書

廣田裕之（2016）『社会的連帯経済入門―みんなが幸せに生活できる経済システム
　とは』集広舎

福原宏幸（2012）「社会的排除／包摂と社会連帯経済―社会的承認論からのアプロー
　チ」『福祉労働』第137号、93～103ページ

藤井敦史（2014）「社会的企業とコミュニティ・エンパワメント」三本松政之・北
　島健一編『コミュニティ政策学入門』誠信書房

藤井敦史（2016）「中間支援組織調査を通して見た日本の労働統合型社会的企業
　（WISE）の展開と課題」全労済協会

ポール・スピッカー著、圷洋一監修（2008）『貧困の概念』生活書院

文部科学省（2014）『学生の中途退学や休学等の状況について』

文部科学省（2016）『高等教育段階における生涯のある学生支援について』

文部科学省（2018）『平成30年度学校基本調査』

米澤旦（2011）『労働統合型社会的企業の可能性―障碍者就労における社会的包摂
　へのアプローチ』ミネルヴァ書房

第5章

新国富（Inclusive Wealth）における多様な資本の連関

八木 迪幸・馬奈木 俊介

1　はじめに

　本章の目的は、近年開発された新国富（IW：Inclusive Wealth、あるいは包括的富）という持続可能性指標について紹介することにある。本章は、新国富の最新の推計を用いて、世界と日本の現状を出来る限り簡易な方法で示すことを意図している。

　2015年9月に国連持続可能な開発サミットにて持続可能な開発目標（SDGs：Sustainable Development Goals）が採択されて以来、持続可能な開発についての世界の関心は、ますます高まっている。経済開発にあたっては経済成長の度合い（開発度）を測る必要があるが、従来の開発指標としては、国内総生産（GDP：Gross Domestic Product）、あるいは一人当たりGDPが重要視されてきた（**図5-1**）。

　しかし、持続可能な開発を行うにあたり、一部の経済学者からは、（一人当たり）GDPの問題点が大きく2つ挙げられている（第2節）。まず、GDPはその国で生み出された付加価値の程度を示すだけで、付加価値がその国に留まるかどうかは分からない（この性質を経済学ではフローと呼ぶ）。よって、経済成長の度合いを測定するのであれば、付加価値額を計測するよりも、資本のようなその国に留まる価値の方が望ましいだろう（この性質を経済学で

Key Word: 新国富（Inclusive Wealth）、人工資本・人的資本・自然資本、新国富生産性、総額・一人当たり指標・生産性指標、南海トラフ地震の被害分析

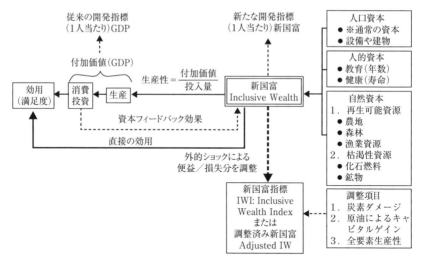

図5-1　3つの資本による効用モデル

注：Managi and Kumar（2018）より引用し、修正を追加。

はストックと呼ぶ）という主張である。次に持続可能性を考える場合、経済
だけではなく、その他のこと、例えば自然環境を考える必要がある。これは、
化石燃料のような枯渇性資源を使い尽くしても、GDPは増加しうることに
よる。従って、経済に限らず、その他全ての包括的（Inclusive）な資本を考
える方が、持続可能性を示すのに妥当であるという主張である。

　新国富（包括的富）はGDP（経済面でのフロー）ではなく、包括的な資
本（全てのストック）を考えたほうが持続可能な開発の指標として望ましい
だろうという考えに基づいている。現行の新国富（2018年版）とは、人工資
本と人的資本、自然資本の3つの資本を合計したものである（**図5-1**）。なお、
この新国富に、外的ショックによる便益や損失分を考慮したものを新国富指
標（IWI：Inclusive Wealth Index）、あるいは調整済み新国富（Adjusted
IW）と呼ぶ。外的ショックには、炭素ダメージと原油価格の変動によるキ
ャピタルゲイン、全要素生産性（TFP：Total Factor Productivity）の影響
が現在考慮されている。

　新国富の特徴として、単に資本の合計であるので、データさえ整備されていれば、国レベルだけでなく、都道府県レベル、市区町村レベルなどにまで分解が可能である。本章では、日本の新国富を国レベルと都道府県レベルとで分析して紹介する。本章の構成は以下の通りである。まず第2節では、新国富の理論的な紹介を行う。第3節では、全世界と日本の新国富を紹介する。第4節では、日本とG7で新国富生産性についての比較を行う。第5節では、2015年時点での、都道府県別の新国富を用いて比較を行う。第6節では、新国富を用いた分析の応用例として、都道府県別の南海トラフ地震による被害推計を行う。第7節は、社会的レジリエンス強化に向けた課題と展望をまとめる。第8節は結論となる。

2　新国富とは

（1）SDGsとGDPの問題点

　2015年9月の国連持続可能な開発サミットでは、2001年に策定されたミレニアム開発目標を基に達成できなかったものを全うする行動計画として、2030年までに達成されるべき持続可能な開発目標（SDGs）が採択された（United Nations 2015、邦訳）。このSDGsに基づき、政府や地方自治体は、持続可能な開発を目指し、開発プログラムを実行することが求められる。SDGsは具体的な目標を策定した点で評価されるべき取り組みであるが、一方で技術的な問題として、実行される開発プログラムが持続可能であるかどうかを判断する方法が提示されていない（Dasgupta et al. 2015）。

　例えば、公共事業を行う際は、分析手法として費用便益分析や費用効果分析がある。これらにより、実施プログラムの費用ともたらす便益や効果を比較し、事業の実施に関する判断を行うことが出来る。一方SDGsの場合、持続可能性の便益や効果を測定する必要があるが、どのように測定すればよいのかその方法論に欠けるという問題点がある。

　持続可能性は様々な範囲に、そして長期に渡る概念であるため、一般的に

測定が困難である。例えば、日本の持続可能性を評価しようと考えた場合、日本全体の持続可能性を測定するのは困難であるため、分析対象の範囲をまず決める必要がある（例えば、森林）。しかし分析対象が決まったとしても、さらに問題が生じる。例えば、将来の便益や効果を、現在の価値に置き換える必要がある。そして、将来のことは不確実なので、その不確実性をどのように考慮するかといった問題も生じる。

　開発に関して、今日一般的に使用されている指標はGDPである。なお三面等価の原則により、GDPは総付加価値（生産）であり、支出（消費）であり、また分配（所得）でもある。従って、GDPでは生産は消費や投資を生みだすことになる（**図5-1**）。GDPが開発指標として有用な点は、消費や投資は人々の満足度を増加させると想定されている点にある（この満足度を経済学では効用と呼ぶ）。（総額あるいは一人当たりの）満足度が高ければ経済成長ないし開発に成功していることになるが、この満足度自体は測定しにくい。従って、満足度を生みだす消費や投資の代替変数であるGDPは、開発指標としてはある程度有効である。このGDPを計算する手法は、国民経済計算（SNA：System of National Accounts）として確立されており、消費、投資、雇用、政府支出などの資源フローを記録し、所得のフローである（GDP）を測定する（Dasgupta et al. 2015）。

　しかしGDPは次の2点で問題がある。まずGDPはフローでありその国に留まるわけではないことと、経済面しか考慮できていないことである。例え天然資源が枯渇しても、GDPは増加しうるからである。

（2）新国富

　本章で紹介する新国富とは包括的（Inclusive）な富（Wealth）のことである（元々は包括的富と呼ばれていた）。前述の通り、生産は消費や投資を生みだすことになるが（**図5-1**）、この生産や消費（GDP）自体を測定することは、フローであることと経済面しか考慮できていないことの2点で問題であった。新国富とは包括的な資本のことであるが、この包括的な資本は生

産や消費を生みだすことができる（**図5-1**）。従って、生産や消費の測定が問題であるならば、それらを生む全ての資本を計測することで富と考えようとするのが新国富の考え方である。

　なお、新国富は、生産に使われるだけではない。まず新国富があることで、直接に効用を増加させる。これは建物や自然環境があることで、人々が豊かな気持ちになれることの効果である。そして、投資行動から資本へのフィードバック効果がある。これにより、新国富を用いて生産を行うと、投資に繋がり、フィードバックとして新国富の増加に繋がることになる。

　新国富の内訳として、新国富（2018年版）は、次の3つの資本を含む。人工資本（Produced capital：設備や建物など）と人的資本（Human capital：教育資本と健康資本）、そして自然資本（Natural capital：農地と森林、漁業資源、化石燃料、鉱物）である。

　まず、人工資本は経済学でよく用いられるいわゆる「資本（ストック）」であり、設備や建物などを指す。資本ストックは、その減耗（消費）分がGDPでも固定資本形成として考慮されている。固定資本形成は、通常の資本の摩損および損傷（減価償却費）と火災、風水害等の偶発事故による価値の損失の通常に予想される額（資本偶発損）の2つから成る（内閣府 2007）。なお、資本ストックの方法は幾つかあり、ベンチマークイヤー法や恒久棚卸法などがある。例えば、ベンチマークイヤー法は民間企業資本ストック（93SNA）で用いられている（内閣府 2005）。一方で、恒久棚卸法は新国富の推計で用いられており、大掛かりな統計データが不要であるなどの特徴がある。

　新国富ではこの通常の資本のほかに、人的資本と自然資本という2つの資本を考慮している。人的資本とは、人に備わる価値の総和である。2018年版の人的資本は、教育資本と健康資本とに分けられる。教育資本とは、人に備わる教育による価値のことで、健康資本とは人が健康（長寿）であることの価値である。一方で自然資本とは、主に第一次産業で用いられる自然環境の価値のことである。2018年版の自然資本では、再生可能資源として農地と森

林、漁業資源、枯渇性資源として化石燃料と鉱物が考慮されている。

　人的資本と自然資本の特徴として、しばしば市場価格が無いことが挙げられる。例えば、教育や農地の価値は、市場価格が無い場合価格をつけにくい。そこで単位当たりの影の価格（シャドウプライス）を計算する。これは、元々は１単位当たり効用がどれだけ増えるかの限界利益であるが、１単位当たり調達する場合に掛かる想定上の費用（限界費用）でもある。この影の価格に資本量（例えば、教育や農地の量）を掛けることで資本の価値を計算することが出来る。

　こうして、人工資本と人的資本、自然資本を合計すると新国富となるが、これら資本とは別に発生する便益や損失（外的ショック）によって人々の厚生は増減しうる。この外的ショックを考慮した新国富を、新国富指標（IWI）や調整済み新国富（Adjusted IW）と呼ぶ。なお、概して新国富への影響は小さいと予想されるので、単純な推計では考慮しない場合もある。現在は炭素ダメージと原油によるキャピタルゲイン、TFPの３つが外的ショックの調整項目として挙げられている。炭素ダメージとは、気候変動による各国への被害である。気候変動は温室効果ガスにより人為的に発生しているとされているが、気候変動は温室効果ガスの排出が多い国ほど損害を受けるわけではなく、気候変動の影響は地理や産業構成などにより様々である。この意味で地球全体で抱えている被害額（経済学における負の公共財）としての性格を持っている。

　原油のキャピタルゲインとは、原油価格の増減による便益や損失のことである。原油価格が上がると、産油国にとっては便益となり、輸入国にとっては損失となる（逆もまた当てはまる）。

　TFPとは、生産に用いる全ての要素による生産性のことである。なお、そもそも生産性とは生産要素当たりの付加価値のことである。例えば、労働生産性であれば、就業人口一人当たりどれだけ付加価値を生み出しているかの指標であり、資本生産性であれば資本当たりどれだけ付加価値を生み出しているかの指標である。TFPは労働生産性や資本生産性とは少し異なり、何

らかの資本による影響というよりは、幾つかの「不明な」資本による影響を
反映している。例えば、経済学におけるソローモデルで、生産性が資本、労
働、中間投入以外の不明な残差（ソロー残差）で表現されていることを想定
してもらいたい。従って、TFPは外的なショック（災害など）でも変化し
うる。TFPが低いと、その年は資源を上手く使えなかったことになり、損
失が生じる（逆もまた当てはまる）。

　なお、新国富（指標）は規模（人口）が大きいほど、大きくなりやすい。
そこで、一人当たりGDPのように、一人当たり新国富（指標）も新しい持
続可能な開発指標として提案されている。

（3）新国富レポートの改定内容

　国連環境計画（UNEP：United Nations Environment Programme）と国
連大学の地球環境変化の人間・社会的側面に関する国際研究計画（UNU-
IHDP：UN University - International Human Dimensions Programme）は、
新国富レポート（IWR：Inclusive Wealth Report）を、これまで2012年と
2014年、2018年の３回発行している（UNU-IHDP and UNEP 2012, 2014;
UNEP 2018; Managi and Kumar 2018）。人工資本、人的資本、自然資本の
３つの資本の括りは同じだが、改定ごとに人的資本や自然資本の推計対象が
拡大されており、推計の対象国や年度も拡大している。ここで、新国富レポ
ートがいかに改定されてきたかを確認したい（**表5-1**）。

　まずIWR2012では、対象は1990-2008年の20か国である。IWR2012の人工
資本は経済学における通常の「資本」であり、King and Levine（1994）に
基づき、恒久棚卸法（割引率７％）で推計されている。

　IWR2012の人的資本は、Arrow et al.（2012）に基づいた学歴（教育年数）
と教育からの生涯年収から推計する。これは、教育年数と就業訓練による賃
金から人的資本の価値を計算し、この価値に単位当たりの平均労働賃金であ
る影の価格を掛けて計算する。影の価格は、人口、性別と年齢別の死亡率、
性別と年齢別の労働力などから算出する。なお、就業訓練による賃金の金利

表 5-1　新国富レポートの改定

項目	IWR2012	IWR2014	IWR2018
対象	・1990～2008 年の 20 か国	・1990～2010 年の 140 か国	・1990～2014 年の 140 か国
人工資本	・King and Levine（1994） ・経済学における通常の「資本」 ・恒久棚卸法（割引率 7%）	・割引率 4%	・2014 と同じ
人的資本	・Arrow et al.（2012） ・教育年数と就業訓練による補償から人的資本の価値を計算し、これにこの価値の影の価格（人口、性・年齢別死亡率、性・年齢別の労働力などから算出）を掛ける （※影の価格とは、人的資本当たりの労働による平均賃金） ・就業訓練による補償（金利 8.5%）	・実際の推計は 2012 と同じ ・教育資本の計測方法として、Jorgenson and Fraumeni（1992）が提案される	・健康資本が人的資本に含まれる ・教育と健康の影の価格は、フロンティアアプローチで推計（Färe et al. 2005; Tamaki et al. 2018）
健康資本	・人的資本には含まれず、別に計測 ・Arrow et al.（2012） ・人口の期待割引寿命に、統計的生命価値（VSL）を掛けて推計	・健康資本は推計されない ・健康資本の影響には、直接の厚生、生産性、寿命の 3 つがある	・人的資本に含まれる
自然資本	・農地（耕作地、放牧地） ・森林（木材、非木材価値） ・化石燃料 ・鉱物 ・漁業資源（例として 4 か国のみ）	・漁業資源は計算されない	・漁業資源の価値を初めて導入
調整項目	1. 炭素ダメージ 2. 原油価格の変化によるキャピタルゲイン 3. 全要素生産性（TFP）	・2012 と同じ	・2012 と同じ

出典：UNU-IHDP and UNEP（2012, 2014）, UNEP （2018）, Managi and Kumar（2018）

は8.5％と仮定される。

　IWR2012の自然資本は、前述通り主に５つ、農地（耕作地、放牧地）、森林（木材、非木材価値）、化石燃料（主に石炭、石油、天然ガス）、鉱物（ボーキサイト、銅、金、鉄など）、漁業資源（４か国のみ）から推計される。基本的な計算の仕方は、各資本の量に、対応する資源使用料（期間平均の単位当たり平均市場価格）を掛けることで求められる。

　その他調整項目として、IWR2012では、前述通り炭素ダメージ、原油価格の変化によるキャピタルゲイン、全要素生産性が考慮されている。なおIWR2012では、人々がどれだけ健康かを資本として評価する健康資本が推計されているが、人的資本には含められていない。これは、健康資本の重要性は認められつつも、IWR2012の試算では人工資本、人的資本、自然資本の３つよりはるかに大きい値となったため、除外されている。健康資本は、Arrow et al.（2012）に基づき、人口に統計的生命の価値（VSL：Value of Statistical Life）を掛けて、割引率で現在価値に換算して計算されている。従ってIWR2012の健康資本とは、いわば寿命の価値である。

　次に、IWR2014では、IWR2012から次の項目が変更された。まず対象が1990～2010年の140か国に拡大した。次に人工資本の割引率が４％となった。

　IWR2014の人的資本は、計測方法はArrow et al.（2012）と同じであるが、この方法はほぼ学歴（教育年数）のみに依存しているため、一国の人口の潜在性を推計するには問題があると主張された。新たに提案された手法は労働市場における一人当たり年収から計算する方法である（Jorgenson and Fraumeni 1992）。この方法では、人口を年代別に、15～40歳（教育と就業）、41～64歳（就業のみ）、65歳以上（定年退職以後）の３段階に分け、それぞれ年齢、性別、教育水準と、翌年にまだ就業しているかどうかの生存率（など）を用いて年収を計算する。

　最後に、IWR2014では健康（Health）に関する資本推計は行われていないが、健康に関しての理論の整理が行われた。提示されたモデルによると、健康は直接の厚生、生産性（GDP）、寿命の３つの経路から、人々の厚生に影

響するとされる。ただし、前者２つの推計はデータや実証研究が不足してい
るため難しく、このため寿命の価値が健康資本の主要な推計となる。なお寿
命の価値は、アメリカでは一人当たり年間約１万ドルと推計されている。

　IWR2018では、対象国は140ヶ国で同じであるが、対象年が1990年から
2014年までに拡張されている。人的資本では、新たに健康資本が加えられた。
そして人的資本の推計では、教育と健康の影の価格の推計方法が変わり、フ
ロンティアアプローチが採用されている。これは、ノンパラメトリック手法
の一種である包絡線分析に基づいており、GDPを目的関数（産出要素）、新
国富の３つの資本（人工、人的、自然）と健康資本の４要素を説明変数（投
入要素）とするフロンティア生産関数から、影の価格を推計する手法である
（Färe et al. 2005; Tamaki et al. 2018）。

　そして、IWR2018では自然資本に漁業が追加されている。自然資本にお
ける漁業の割合は小さいものの、資本ストックは減少傾向にある。

3　IWR2018の概要

（１）世界の新国富

　前節で紹介したIWR2018の結果を簡単に紹介したい。まず全世界の結果
（**表5-2**）について、1990年と2014年を比較する。総額について（表上側）、
まず年間GDPの総額は、1990年が30.5兆ドル、2014年が56.8兆ドルであり、
単純な増加率を取ると86.1％増加している（ドルは2005年の実質USドル）。
GDPは140か国中136か国で増加（又は不変）であり、減少したのは４か国
のみである。従って、ほとんどの国でGDPの成長に成功している。

　同様にして新国富について、1990年は809兆ドル、2014年は1,216兆ドルで、
増加率は50.4％である。新国富は135か国で増加（又は不変）し、５カ国の
みで減少している。従って、GDP同様に堅調に増加していることが分かる（た
だしGDPよりも、増加率は小さい）。比率でみると、新国富はGDPの20倍以
上である（1990は27倍、2014は21倍）。逆に言えば、新国富を100％とす

表5-2　全世界の新国富（140か国、IWR2018）

項目	1990年	2014年	増加率	増減（140か国、15年間）	
				増加/不変	減少
合計（十億ドル）					
年間GDP	30,536	56,834	86.1%	136か国	4か国
新国富	808,548	1,216,323	50.4%	135か国	5か国
人工資本	88,891	195,471	119.9%	136か国	4か国
人的資本	614,864	929,269	51.1%	133か国	7か国
自然資本	104,799	91,584	−12.6%	31か国	109か国
※人口（億人）	49.5	69.0	39.4%	127か国	13か国
単純平均（千ドル）					
一人当たりGDP	8.2	11.9	45.5%	128か国	12か国
一人当たり新国富	220.7	210.7	−4.5%	89か国	51か国
一人当たり人工資本	24.8	40.8	64.2%	120か国	20か国
一人当たり人的資本	136.6	139.1	1.9%	122か国	18か国
一人当たり自然資本	59.3	30.8	−48.0%	12か国	128か国

注：データ元はIWR2018。対象は1990年と2014年の140か国である。人口はGDPと一人
当たりGDPより逆算して計算している。ドルは2005年の実質USドル。増加率は、1990
年から2014年までの単純増加率。

ると、4％に当たるGDPを年間で生み出していることになる（1990年3.8％、2014年4.7％）。ただし前述通り、GDPはフロー、新国富はストックであることに注意したい。

　新国富の内訳をみると、1990年は人工資本が89兆ドル、人的資本が615兆ドル、自然資本が105兆ドルであり、2014年は人工資本が195兆ドル（＋119.9％）、人的資本が929兆ドル（＋51.1％）、自然資本が92兆ドル（−12.6％）である。特徴として、各資本の大きさは異なり、人的資本が突出して最も大きく、人工資本と自然資本は同様の規模である。増加率が最も大きいのは人工資本で、15年間で2倍以上に増加している。一方で、自然資本は1990年比で唯一減少している。各国の増減を見ても、1990年比で資本が増加した国は、人工資本で136か国、人的資本で133か国であるが、自然資本は31か国のみである。この自然資本の減少は、再生可能資源や枯渇性資源が減少し、回復が追い付いていないことを示す。

　次に一人当たりの指標（各国の単純平均）を確認する（表下側）。なお人

口は1990年は49.5億人であったが、2014年には69億人となり、39.4％増加している。一人当たりGDPについて、1990年は8.2千ドル、2014年は11.9千ドル（＋45.5％）で、期間中128か国で増加し、12か国で減少している。従って、GDP同様に、一人当たりGDPも多くの国で成長していることが分かる。

　次に一人当たり新国富であるが、1990年は220.7千ドル、2014年は210.7千ドル（－4.5％）であり、わずかに減少している。増加した国は89か国で、減少した国は51か国である。従って、一人当たり新国富は半分以上の国で増加しているものの、減少している国も多く、持続可能な開発が行われていないことが示唆される。内訳をみると、減少の理由は、人工資本や人的資本の増加では賄いきれないほど、多くの国で一人当たり自然資本が激減していることによる。一人当たり人工資本が24.8千ドルから40.8千ドル（＋64.2％）に大幅に増加、一人当たり人的資本が136.6千ドルから139.1千ドル（＋1.9％）に微増、一人当たり自然資本が59.3千ドルから30.8千ドル（－48.0％）に激減している。期間中増加した国の数は、一人当たり人工資本が120か国、一人当たり人的資本が122か国、一人当たり自然資本が12か国のみである。

（2）日本の新国富

　続いて、日本の結果を確認したい（**表5-3**）。まず総額について（表上側）、年間GDPは1990年3.9兆ドル（2位）、2014年は4.8兆ドル（3位）である（増加率は24.1％で128位）。一方、新国富は1990年は26兆ドル（6位）、2014年は36兆ドル（5位）である（増加率は37.5％で88位）。比率でみると、新国富を100％とすると、13〜14％に当たるGDPを年間で生み出していることになる（1990年14.6％、2014年13.2％）。前述の全世界では4％に当たるGDPを生み出していたことと比較すると、日本は（新国富）生産性が高いことになる。内訳をみると、人工資本は13兆ドル（2位）から21兆ドル（2位）へと増加（＋56.7％、120位）、人的資本は12兆ドル（7位）から15兆ドル（9位）へと増加（＋19.3％、118位）、自然資本は567十億ドル（32位）から458十億ドル（29位）へと減少（－19.2％、89位）している。人工資本が大きく増加し、

表 5-3　日本の GDP と新国富（1990 年と 2014 年、IWR2018）

項目	1990 年	（順位）	2014 年	（順位）	増加率	（順位）
合計（十億ドル）						
年間 GDP	3,851	2 位	4,781	3 位	24.1%	128 位
新国富	26,237	6 位	36,085	5 位	37.5%	88 位
人工資本	13,360	2 位	20,939	2 位	56.7%	120 位
人的資本	12,310	7 位	14,688	9 位	19.3%	118 位
自然資本	567	32 位	458	29 位	− 19.2%	89 位
※人口（億人）	1.2	7 位	1.2	10 位	3.0%	122 位
一人当たり（千ドル）						
一人当たり GDP	31.2	10 位	37.6	19 位	20.5%	109 位
一人当たり新国富	212	45 位	284	39 位	34.0%	25 位
一人当たり人工資本	108.2	7 位	164.7	10 位	52.2%	85 位
一人当たり人的資本	99.7	43 位	115.6	42 位	15.9%	66 位
一人当たり自然資本	4.6	104 位	3.6	92 位	− 21.7%	39 位

注：データ元は IWR2018。人口は GDP と一人当たり GDP より逆算して計算している。ド
　　ルは 2005 年の実質 US ドル。増加率は、1990 年から 2014 年までの単純増加率。順位は
　　140 か国中で計算している（ただし、増加率が計算できない国は、順位対象から外して
　　いる）。

　人的資本が微増し、自然資本が減少しているという傾向は、全世界の傾向と
合致している。日本の特徴としては、人工資本が相対的に大きく、自然資本
は著しく小さいことが挙げられる。また国の規模が相対的に大きいことも影
響し、増加率の順位は相対的に低い。
　次に日本の一人当たりの値を確認する（表下側）。なお、人口は1990年と
2014年でともに約1.2億人で、3.0％増加している。一人当たりGDPは、1990
年は31.2千ドル（10位）、2014年は37.6千ドル（19位）と増加している（＋
20.5％、109位）。一方で、一人当たり新国富は1990年は212千ドル（45位）、
2014年は284千ドル（39位）と増加している（＋34.0％、25位）。日本の特徴
として、一人当たりGDPも一人当たり新国富も増加しており、持続可能な
開発が行われていると言える。また一人当たりGDPは10位から19位と後退
したが、一人当たり新国富は45位から39位と前進しており、相対的に持続可
能性が高まっている。内訳をみると、一人当たり人工資本は108.2千ドル（7
位）から164.7千ドル（10位）へと増加（＋52.2％、85位）、一人当たり人的

資本が99.7千ドル（43位）から115.6千ドル（42位）へと増加（15.9％、66位）、一人当たり自然資本が4.6千ドル（104位）から3.6千ドル（92位）へと減少（－21.7％、39位）している。一人当たり人工資本と一人当たり人的資本が増加し、一人当たり自然資本が減少しているのは、全世界の傾向と合致している。

　これらを踏まえると、日本の特徴（2014年）は規模はGDP 3位、新国富5位と大きいが、一人当たりでは一人当たりGDP19位、一人当たり新国富39位と低いことにある。そして、新国富の特徴としては、人工資本が大きく、自然資本が小さいことも挙げられる。

4　日本とG7の新国富生産性

　本節ではG7との比較から、日本の新国富と生産性について考察したい（**表5-4**）。前述の通り、生産性とは生産要素が付加価値を生みだす効率性や寄与度のことを指す。最も簡単な生産性は、「付加価値÷生産要素」である。労働生産性であれば、時間当たりや一人当たりの付加価値で表すことができる。

　例えば、しばしば日本は労働生産性が低いと言われる。日本生産性本部（2018）によれば、2017年時点で日本の労働生産性はG7で最下位である（**表5-4**上部）。購買力平価換算ドル（PPPドル）で、日本の時間当たり労働生産性は47.5ドル、人口一人当たりの労働生産性は4.3万ドルでG7中で5位、就業者1人当たり労働生産性は8.4万ドルで最下位である。人口一人当たりでは5位であるが、就業人口一人当たりでは7位に下がるのは、日本は就業人口率（就業人口÷人口）が51.5％と多く、相対的に就業人口が多いことによる。

　日本は少子高齢化により（就業）人口が減少すると予測されているが、人口減少と労働生産性の低さは経済成長にとって深刻な問題である。例えば、労働生産性は「付加価値÷人口」と表されることから、逆に付加価値は「労働生産性×人口」で表すことができる。従って、（就業）人口が減少する中で現在の付加価値を維持するには労働生産性を上げるしか方法はなく、この

表 5-4　G7 の新国富比較（2014 年）

項目	日本	G7 順位	アメリカ	ドイツ	イギリス	フランス	イタリア	カナダ
労働生産性（2017 年） （日本生産性本部 2018）								
就業人口（百万人）	65.5	2 位	150.1	40.9	31.3	26.6	23.1	17.8
就業人口率（就業人口÷人口）	51.5%	1 位	47.0%	50.4%	48.4%	40.1%	38.0%	50.2%
1 時間当たり付加価値（PPP ドル）	47.5	7 位	72	69.8	53.5	67.8	55.5	53.7
人口 1 人当たり付加価値（PPP ドル）	43,301	5 位	59,774	50,878	43,402	42,858	39,621	46,705
就業者 1 人当たり付加価値（PPP ドル）	84,027	7 位	127,075	100,940	89,674	106,998	104,179	93,093
合計（十億ドル）								
年間 GDP	4,781	2 位	14,683	3,227	2,677	2,361	1,745	1,360
新国富	36,085	2 位	88,166	23,091	12,962	14,733	11,917	11,659
人工資本	20,939	2 位	47,411	11,749	7,667	9,019	7,072	4,468
人的資本	14,688	2 位	31,265	9,928	5,129	5,439	4,510	3,088
自然資本	458	4 位	9,490	1,413	166	275	335	4,103
※人口（億人）	1.2	2 位	3.2	0.8	0.6	0.6	0.6	0.4
一人当たり（千ドル）								
一人当たり GDP	37.6	5 位	46	39.8	41.4	35.5	28.7	38.3
一人当たり新国富	284	3 位	276	285	201	222	196	328
一人当たり人工資本	164.7	1 位	148.7	145.1	118.7	135.6	116.3	125.7
一人当たり人的資本	115.6	2 位	98	122.6	79.4	81.8	74.2	86.9
一人当たり自然資本	3.6	6 位	29.8	17.4	2.6	4.1	5.5	115.4
生産性指標（比率）								
GDP÷新国富	13.2%	6 位	16.7%	14.0%	20.6%	16.0%	14.6%	11.7%
GDP÷人工資本	22.8%	7 位	31.0%	27.5%	34.9%	26.2%	24.7%	30.4%
GDP÷人的資本	32.6%	6 位	47.0%	32.5%	52.2%	43.4%	38.7%	44.0%
GDP÷自然資本	1043.9%	2 位	154.7%	228.4%	1612.3%	858.7%	520.9%	33.1%

注：データは日本生産性本部（2018）と IWR2018 より用いている。人口は GDP と一人当たり GDP より逆算した値である。ドルは 2005 年の実質 US ドル。増加率は、1990 年から 2014 年までの単純増加分。順位は G7 の 7 か国中で計算している。

意味で労働生産性は重要となる。

　生産性は、労働だけでなく、新国富においても考えることができる。新国富は３つの資本の集まりなので、これら資本がいかに付加価値（GDP）を生みだしているかを計算することができる。例えば、新国富生産性は、「GDP÷新国富」で計算できる。同様に、人工資本生産性は「GDP÷人工資本」、人的資本生産性は「GDP÷人的資本」、自然資本生産性は「GDP÷自然資本」で計算できる。この考え方をもとに、G7における日本の新国富生産性を検証してみたい。

　表5-4はIWR2018より引用したG7のデータ（2014年）である。総額について（表中部）、日本のG7内順位はGDPと新国富、人工資本、人的資本は２位、自然資本は４位、人口は２位である。なお、全ての１位はアメリカである。各項目の中では、自然資本で格差が見られ、アメリカが突出しており（9.5兆ドル）、２位はカナダ（4.1兆ドル）、３位はドイツ（1.4兆ドル）、下位４カ国（日本、イタリア、フランス、イギリス）は0.5兆ドル以下である。

　次に一人当たり指標（表中部）について、日本の一人当たりGDPは37.6千ドルで５位であり、日本生産性本部（2018）の推計と整合的である。日本の一人当たり新国富は284千ドルであり、カナダ（328千ドル）、ドイツ（285千ドル）に次いで３位である。従って、日本はドイツと同程度に持続可能性が高いことになる。内訳をみると、一人当たり人工資本は164.7千ドルで１位、一人当たり人的資本は115.6千ドルで２位（１位はドイツ）、一人当たり自然資本は3.6千ドルで６位（最下位はイギリス）である。日本は、一人当たり人工資本と一人当たり人的資本が相対的に大きく、一人当たり自然資本は相対的に少ないことになる。

　最後に、生産性（表下部）を確認する。新国富生産性は、日本は13.2％で６位である。なお１位はイギリス（20.6％）で、最下位はカナダ（11.7％）である。従って、日本は労働生産性だけでなく新国富生産性が低く、付加価値を生み出せていないことになる。内訳を確認すると、まず人工資本生産性は22.8％で最下位である。この結果は意外に思われるかもしれないが、日本

は人工資本（設備や建物）への投資効率が悪いことを示している。

　次に、人的資本生産性は32.6％で６位である。なお、最下位のドイツは32.5％でほぼ変わらないため、日本の人的資本生産性はG7最下位レベルにある。従って、なお日本の結果だけを考えると、日本生産性本部（2018）の結果と整合的である。日本生産性本部（2018）によると、イギリスは１時間当たり付加価値６位（53.5ドル）、就業者１人当たり付加価値６位（９万ドル）である。しかし、本節の結果ではイギリスの人的資本生産性は52.2％で１位である。前述の通り、人的資本とはほぼ健康資本（寿命の価値）であるので、イギリスは相対的に健康資本が低いことが人的資本生産性を逆に引き上げていると推測される（人的資本の価値については５（２）節参照）。

　最後に、日本の自然資本生産性は1,044％で２位である。１位は同じ島国のイギリスで、1,612％である。日本とイギリスは、相対的に乏しい自然資本でより大きな付加価値を生み出していることになる。

　まとめると、日本は、労働生産性だけでなく、新国富生産性もG7中で６位と低い。特筆すべきは、人工資本生産性と人的資本生産性の低さである。従って、労働生産性だけでなく、設備や建物当たりの付加価値額をいかに増加させるかが課題となっている。

５　都道府県別の新国富

（１）総額

　これまでの分析では、国単位の新国富を取り扱ってきた。本節からは、新国富を国内の地域開発にどのように役立てることが出来るかを紹介したい。なお市区町村レベルのデータとしては（株）富士通研究所が開発しているEvaCva-sustainableに日本全国1,742自治体の新国富がまとめられている。

　本節では都道府県単位の新国富を検証する。データはManagi（2019）に基づき、2015年版の新国富を用いる。なお都道府県の県内総生産（名目GRP：Gross Regional Product）は、内閣府（2019）より用いる。

表 5-5　都道府県別の新国富（2015 年）

単位：兆円

都道府県	総生産(GRP)	順位	新国富	順位	人工資本	人的資本	自然資本
北海道	19.0	8 位	193.8	5 位	97.5	43.9	52.4
青森	4.5	31 位	37.7	33 位	21.7	12.2	3.8
岩手	4.7	28 位	42.7	26 位	24.5	14.6	3.6
宮城	9.5	14 位	72.2	14 位	38.9	29.6	3.6
秋田	3.4	40 位	38.3	31 位	19.8	16.6	2.0
山形	4.0	35 位	34.3	34 位	20.3	12.2	1.9
福島	7.8	20 位	65.1	17 位	41.3	21.1	2.7
茨城	13	11 位	91.8	11 位	58.8	30.2	2.8
栃木	9.0	15 位	53.9	21 位	36	16.6	1.3
群馬	8.7	17 位	52.5	22 位	34.2	17.2	1.2
埼玉	22.3	5 位	153.3	6 位	75.5	76.8	1.0
千葉	20.2	7 位	96.2	10 位	79.5	14.4	2.3
東京	104.3	1 位	491	1 位	273	217.2	0.9
神奈川	33.9	4 位	215.6	3 位	117.1	97.3	1.2
新潟	8.8	16 位	80.6	12 位	47.4	30.3	2.9
富山	4.6	29 位	40.5	28 位	24.3	14.8	1.4
石川	4.6	30 位	32.4	37 位	20.8	9.8	1.8
福井	3.2	42 位	33.3	35 位	18.7	13.5	1.0
山梨	3.3	41 位	25.1	45 位	15.6	8.7	0.8
長野	8.6	18 位	69.9	15 位	40.4	27.5	2.0
岐阜	7.6	22 位	49.8	23 位	35.1	13.2	1.5
静岡	17.3	10 位	102.6	9 位	69.2	29.1	4.3
愛知	39.6	2 位	198.4	4 位	142	54.4	2
三重	8.3	19 位	67	16 位	41.1	23.6	2.2
滋賀	6.2	23 位	42.5	27 位	30	12.1	0.4
京都	10.3	13 位	54	20 位	36.9	16.2	1.0
大阪	39.1	3 位	224.7	2 位	136.9	87.4	0.4
兵庫	20.5	6 位	142.6	7 位	91.2	48.6	2.7
奈良	3.6	38 位	29.5	40 位	16.2	12.8	0.5
和歌山	3.5	39 位	32.4	36 位	17.8	13.3	1.4
鳥取	1.8	47 位	20.3	47 位	10.7	8	1.6
島根	2.6	45 位	30.6	39 位	15.2	13.3	2.1
岡山	7.8	21 位	56.7	19 位	34.8	20.8	1.0
広島	11.9	12 位	78.1	13 位	53.5	23.1	1.5
山口	5.9	24 位	60.6	18 位	32	26.7	1.8
徳島	3.1	43 位	27.8	42 位	15	11.8	0.9
香川	3.8	36 位	32.3	38 位	17	14.7	0.6
愛媛	4.9	27 位	45.8	25 位	25.6	16.8	3.4
高知	2.4	46 位	27.2	43 位	13	11.1	3.0
福岡	18.9	9 位	109.6	8 位	74.2	34	1.4
佐賀	2.8	44 位	26	44 位	15.9	9.4	0.6
長崎	4.4	32 位	38.3	32 位	22.2	10.9	5.1
熊本	5.6	25 位	39.9	29 位	28	10.2	1.8
大分	4.4	33 位	38.3	30 位	24	12.7	1.6
宮崎	3.6	37 位	28	41 位	18.4	6.4	3.2
鹿児島	5.4	26 位	46.9	24 位	26.8	17.1	2.9
沖縄	4.1	34 位	21.1	46 位	11.7	7.8	1.6

注：新国富データは Managi（2019）より、GRP（県内総生産）データは内閣府（2019）より用い
　　ている。なお、GRP は名目値（兆円）である。

　まず総額について（**表5-5**）、GRPの上位 3 位は 1 位東京（104兆円）、 2 位愛知（40兆円）、 3 位大阪（39兆円）であり、下位 3 位は45位島根（2.6兆円）、46位高知（2.4兆円）、47位鳥取（1.8兆円）である。新国富の上位は 1 位東京（491兆円）、 2 位大阪（225兆円）、 3 位神奈川（216兆円）であり、下位は45位山梨（25兆円）、46位沖縄（21兆円）、47位鳥取（20兆円）である。従って、総額については、GRPと新国富の順位は相関している。

　内訳として、人工資本は、上位は 1 位東京（273兆円）、 2 位愛知（142兆円）、 3 位大阪（137兆円）であり、下位は45位高知（13兆円）、46位沖縄（12兆円）、47位鳥取（11兆円）である。人工資本の順位もおおむねGRPと似ている。人的資本は、上位は 1 位東京（217兆円）、 2 位神奈川（97兆円）、 3 位大阪（87兆円）であり、下位は45位鳥取（ 8 兆円）、46位沖縄（7.8兆円）、47位宮崎（6.4兆円）である。人的資本の順位もGRPの順位と似ている。なお、人的資本（合計1,290兆円）は教育資本（52兆円）と健康資本（1,238兆円）に分けられるが、健康資本が占める割合が96％と大きいことから、人的資本とはほぼ健康資本である。自然資本は、上位は 1 位北海道（52.4兆円）、 2 位長崎（5.1兆円）、 3 位静岡（4.3兆円）であり、下位は45位奈良（0.5兆円）、46位滋賀（0.4兆円）、47位大阪（0.4兆円）である。自然資本は、北海道が突出して大きいことに特徴があり、これまでの傾向と異なり、GRPの大きさとあまり相関が見られない。

　なお、自然資本で奈良が45位、滋賀が46位であるのは直感に反すると感じるかもしれないが、これは次のような理由による。例えば奈良は奈良公園（奈良市）の鹿が有名であり、自然の価値が一見多いように感じるかもしれないが、自然資本にはこの鹿の価値は含められていない。そして、奈良は歴史的な価値が高く、文化庁（2019）によると2019年 2 月時点で国宝数（美術工芸品・建造物）が203件で 3 位、重要文化財数が1,327件で 3 位である。しかし、自然資本では、奈良の持つこうした文化の価値は反映されていない。また、滋賀は日本最大の湖である琵琶湖があり、ラムサール条約登録湿地に登録されるなど自然資本の価値が高いように思えるかもしれない。しかし、こうし

た湖自体の価値も、自然資本には反映されていない（港湾や船、生息する漁業資源の価値は人工資本や自然資本で考慮されている）。

（2）一人当たり指標

　次に一人当たり指標について（**表5-6**）、一人当たりGRPは、上位3位は1位東京（772万円）、2位愛知（529万円）、3位静岡（467万円）であり、下位3位は45位埼玉（307万円）、46位鳥取（306万円）、47位奈良（262万円）である。一人当たりGRPの結果はおおむね直感的であり、東京（1位）と愛知（2位）、大阪（7位）が上位である。他の上位では、北関東（4位栃木、6位茨城、8位群馬）、太平洋ベルトの静岡（3位）、三重（5位）などが挙げられる。

　一方で一人当たり新国富は、上位は1位島根（4,407万円）、2位山口（4,311万円）、3位福井（4,228万円）であり、下位は45位埼玉（2,109万円）、46位京都（1,413万円）、47位千葉（1,278万円）である。一人当たり新国富の結果は、直感的ではないかもしれないが、一人当たりGRPとはあまり相関がないことが分かる。一人当たり新国富の上位は中国地方（島根1位、山口2位）や日本海側（福井3位、富山4位、秋田5位）、四国（高知6位、徳島8位）、三重（7位）などである。先に挙げた一人当たりGRP上位の中で一人当たり新国富が上位であるのは、一人当たりGRP 1位東京が一人当たり新国富9位、一人当たりGRP 5位の三重が一人当たり新国富7位である。その他の愛知、静岡、栃木、群馬、大阪などは一人当たりGRPは高いが一人当たり新国富は低い（例えば、一人当たりGRP 2位の愛知は一人当たり新国富35位、一人当たりGRP 3位の静岡は一人当たり新国富31位である）。

　内訳をみると、一人当たり人工資本は、上位は1位福井（2,379万円）、2位山口（2,280万円）、3位富山（2,280万円）であり、下位は45位沖縄（1,207万円）、46位奈良（1,191万円）、47位埼玉（1,039万円）である。上位の特徴は捉えづらいが、港湾があること、発電所が多いこと、（一人当たり）公共事業費が高いこと、工場が多いことなどが上位の可能性として挙げられる。

表 5-6　都道府県別の一人当たり新国富（2015 年）

単位：万円

都道府県	一人当たりGRP	順位	一人当たり新国富	順位	一人当たり人工資本	一人当たり人的資本	一人当たり自然資本
北海道	352	34 位	3,601	10 位	1,812	815	974
青森	347	36 位	2,879	27 位	1,657	929	293
岩手	369	31 位	3,338	15 位	1,914	1,140	285
宮城	406	18 位	3,091	22 位	1,665	1,270	156
秋田	329	40 位	3,744	5 位	1,931	1,620	193
山形	352	35 位	3,053	23 位	1,802	1,083	168
福島	409	15 位	3,401	13 位	2,156	1,105	141
茨城	445	6 位	3,146	20 位	2,014	1,035	97
栃木	457	4 位	2,729	33 位	1,823	842	64
群馬	439	8 位	2,663	34 位	1,731	870	61
埼玉	307	45 位	2,109	45 位	1,039	1,057	13
千葉	325	42 位	1,547	47 位	1,278	232	37
東京	772	1 位	3,633	9 位	2,020	1,607	6
神奈川	372	26 位	2,362	40 位	1,283	1,066	14
新潟	384	24 位	3,497	12 位	2,056	1,315	126
富山	436	10 位	3,796	4 位	2,280	1,384	132
石川	396	20 位	2,811	29 位	1,800	850	160
福井	411	14 位	4,228	3 位	2,379	1,716	132
山梨	389	22 位	3,006	25 位	1,866	1,039	101
長野	408	17 位	3,333	16 位	1,925	1,311	97
岐阜	372	27 位	2,450	39 位	1,728	648	74
静岡	467	3 位	2,772	31 位	1,869	787	116
愛知	529	2 位	2,651	35 位	1,897	727	27
三重	456	5 位	3,689	7 位	2,266	1,301	122
滋賀	436	9 位	3,009	24 位	2,125	857	27
京都	396	21 位	2,070	46 位	1,413	620	37
大阪	442	7 位	2,542	37 位	1,549	989	4
兵庫	370	28 位	2,576	36 位	1,649	878	49
奈良	262	47 位	2,164	43 位	1,191	935	39
和歌山	366	32 位	3,368	14 位	1,845	1,381	142
鳥取	306	46 位	3,538	11 位	1,861	1,396	280
島根	370	30 位	4,407	1 位	2,186	1,916	306
岡山	405	19 位	2,949	26 位	1,813	1,083	53
広島	420	12 位	2,746	32 位	1,881	813	52
山口	418	13 位	4,311	2 位	2,280	1,900	131
徳島	408	16 位	3,672	8 位	1,990	1,560	123
香川	387	23 位	3,313	17 位	1,746	1,501	66
愛媛	355	33 位	3,307	18 位	1,851	1,210	246
高知	330	38 位	3,729	6 位	1,790	1,529	409
福岡	370	29 位	2,148	44 位	1,454	667	28
佐賀	331	37 位	3,116	21 位	1,906	1,132	78
長崎	318	43 位	2,778	30 位	1,615	793	371
熊本	312	44 位	2,236	41 位	1,565	570	101
大分	375	25 位	3,286	19 位	2,061	1,091	134
宮崎	329	39 位	2,538	38 位	1,671	581	286
鹿児島	327	41 位	2,845	28 位	1,628	1,040	178
沖縄	427	11 位	2,176	42 位	1,207	803	166

注：新国富データは Managi（2019）より、GRP（県内総生産）データは内閣府（2019）より用いている。なお、GRP は名目値（兆円）である。

次に一人当たり人的資本は上位は1位島根（1,916万円）、2位山口（1,900万円）、3位福井（1,716万円）であり、下位は45位宮崎（581万円）、46位熊本（570万円）、47位千葉（232万円）である。前述の通り人的資本とはほぼ健康資本のことであり、上位ほど長寿の価値が高いことを示す。ここで、千葉は外れ値的に突出して人的資本が低いことに注意したい。これは推計手法であるノンパラメトリック手法の特徴（2（3）参照）として、このように外れ値を含みやすいためだろうと推測する。なお、人的資本が低いというのは、フロンティアアプローチの生産関数上で、教育（年数）や健康（寿命）当たりの限界費用が安いことを意味する。言い換えると、千葉県民の教育や寿命の1年分は、生産要素として相対的に安く調達できることになる（ただし、繰り返しになるがこの推計値は外れ値であり、再推計で大きく変動する可能性が高い）。

　一人当たり自然資本は、上位は1位北海道（974万円）、2位高知（409万円）、3位長崎（371万円）、下位は45位埼玉（13万円）、46位東京（6万円）、47位大阪（4万円）である。1位の北海道は一人当たり指標でも突出している。

（3）新国富生産性

　最後に新国富生産性を確認する（**表5-7**）。まず新国富生産性（GRP÷新国富）は上位は1位東京（21%）、2位千葉（21%）、3位愛知（20%）であり、下位は45位秋田（9%）、46位鳥取（9%）、47位島根（8%）である。この順位は一人当たりGRPと順位が似ている（なお、一人当たりGRPは東京1位、千葉7位、愛知2位であり、秋田40位、鳥取47位、島根45位であった）。ただし、完全に相関しているわけではなく、一人当たり新国富が高くても、一人当たりGRPが低い都道府県もある。例えば、沖縄は新国富生産性4位だが一人当たりGRPは11位で、京都は新国富生産性5位だが一人当たりGRPは21位である。

　新国富生産性が取りうる範囲を見ると、最上位は20〜21%で、最下位は8〜9%であり、上位と下位では最大で2.3倍新国富生産性が異なる。従って

表 5-7　都道府県別の新国富生産性（2015 年）

都道府県	新国富生産性	順位	人工資本生産性	人的資本生産性	自然資本生産性
北海道	10%	41 位	19%	43%	36%
青森	12%	27 位	21%	37%	118%
岩手	11%	36 位	19%	32%	130%
宮城	13%	21 位	24%	32%	260%
秋田	9%	45 位	17%	20%	171%
山形	12%	30 位	20%	32%	209%
福島	12%	28 位	19%	37%	290%
茨城	14%	17 位	22%	43%	460%
栃木	17%	9 位	25%	54%	716%
群馬	16%	10 位	25%	50%	715%
埼玉	15%	14 位	30%	29%	2,307%
千葉	21%	2 位	25%	140%	868%
東京	21%	1 位	38%	48%	11,939%
神奈川	16%	11 位	29%	35%	2,735%
新潟	11%	37 位	19%	29%	305%
富山	11%	32 位	19%	31%	331%
石川	14%	18 位	22%	47%	247%
福井	10%	42 位	17%	24%	311%
山梨	13%	23 位	21%	37%	384%
長野	12%	25 位	21%	31%	422%
岐阜	15%	13 位	22%	57%	503%
静岡	17%	8 位	25%	59%	402%
愛知	20%	3 位	28%	73%	1,972%
三重	12%	24 位	20%	35%	374%
滋賀	14%	15 位	21%	51%	1,612%
京都	19%	5 位	28%	64%	1,081%
大阪	17%	6 位	29%	45%	10,767%
兵庫	14%	16 位	22%	42%	754%
奈良	12%	26 位	22%	28%	679%
和歌山	11%	38 位	20%	27%	258%
鳥取	9%	46 位	16%	22%	109%
島根	8%	47 位	17%	19%	121%
岡山	14%	20 位	22%	37%	760%
広島	15%	12 位	22%	52%	806%
山口	10%	43 位	18%	22%	319%
徳島	11%	35 位	21%	26%	331%
香川	12%	29 位	22%	26%	585%
愛媛	11%	39 位	19%	29%	144%
高知	9%	44 位	18%	22%	80%
福岡	17%	7 位	25%	55%	1,342%
佐賀	11%	40 位	17%	29%	425%
長崎	11%	33 位	20%	40%	86%
熊本	14%	19 位	20%	55%	309%
大分	11%	34 位	18%	34%	280%
宮崎	13%	22 位	20%	57%	115%
鹿児島	11%	31 位	20%	31%	184%
沖縄	20%	4 位	35%	53%	257%

注：新国富データは Managi（2019）より、GRP（県内総生産）データは内閣府（2019）より用い
　　ている。なお、GRP は名目値（兆円）である。新国富生産性は GRP÷新国富、人工資本生産
　　性は GRP÷人工資本、人的資本生産性は GRP÷人的資本、自然資本生産性は GRP÷自然資
　　本で計算している。

新国富生産性の水準からみると、秋田や鳥取、島根は、GRPを現在の２倍以上に引き上げる潜在性がある。一方で、東京や千葉、愛知などの上位の都道府県では、さらなる生産性の増加は難しいかもしれない。こうした上位の都道府県では、総額を増やすような政策が有効だろう（例えば、人工資本への投資を増やす、健康を増進する、自然を増やすなどの施策）。

　内訳をみると、人工資本生産性は上位は１位東京（38％）、２位沖縄（35％）、３位埼玉（30％）であり、下位は45位秋田（17％）、46位島根（17％）、47位鳥取（16％）である。上位の１位東京は一人当たり新国富も１位で、２位沖縄は一人当たり新国富４位と、一人当たり新国富が高い都道府県が上位となる傾向にある。一方で、一人当たり新国富と乖離している上位の県は、人工資本生産性３位の埼玉では一人当たり新国富14位、人工資本生産性４位の神奈川では一人当たり新国富11位である。なお人工資本生産性の取りうる範囲は、最大値は35〜38％、最小値は16〜17％であり、上位と下位では最大２倍程度人工資本生産性が異なる。

　人的資本生産性は、上位は１位千葉（140％）、２位愛知（73％）、３位京都（64％）であり、下位は45位高知（22％）、46位秋田（20％）、47位島根（19％）である。人的資本生産性（※ほぼ労働生産性を指す）が高い都道府県の傾向として、一人当たり新国富が低い都道府県が多い。例えば、１位千葉は一人当たり新国富47位（1,547万円）、２位愛知は一人当たり新国富35位（2,651万円）、３位京都は一人当たり新国富46位（2,070万円）などである。従って、人的資本生産性と一人当たり新国富はトレードオフの傾向にある。人的資本生産性の取りうる範囲は、千葉の外れ値140％を除くと、最大で73％、最下位は19〜20％程度であり。最大で３倍以上の格差がある。

　最後に自然資本生産性は、上位は１位東京（1.2万％）、２位大阪（1.1万％）、３位神奈川（27百％）、下位は45位長崎（86％）、46位高知（80％）、47位北海道（36％）である。概して、新国富生産性や人工資本生産性が高い都道府県は、自然資本生産性も高い傾向にある。自然資本生産性の取りうる範囲は、ばらつきが大きすぎて推計することがあまり適当ではないが、上限は１万％

以上、下限は100％以下であり、最大で格差は100倍以上である。

6　南海トラフ地震の被害分析

（1）南海トラフ地震の被害：人工資本

　本節では、社会的レジリエンスの評価として、災害時に新国富にどのような影響があるのかを考えてみたい。南海トラフ地震（朝日新聞デジタル2015; 内閣府 2014、2015）で、東日本大震災を超える大地震が想定されている。内閣府（2014、2015）の被害想定（2012年8月に公表）では、最悪で死者は32万3千人、負傷者は62万3千人、直接被害額（建物や電気、通信、上下水道、その他資産の損失、災害廃棄物処理費用などの累計）は全国で169兆円である。なお、死者は全国の値と、各都道府県の最大想定を足したものは必ずしも一致しない（各都道府県の死者数を合計するとのべ43.6万人となる）。

　表5-8は、南海トラフ地震の被害の直接被害額とそれに基づくGRP減少予測を示している。まず直接被害額であるが、全国で169兆円であり、36都道府県で影響が出ると予想されている。直接被害額の上位5位は、1位愛知（30.7兆円）、2位大阪（24兆円）、3位静岡（19.9兆円）、4位三重（16.9兆円）、5位愛媛（10.9兆円）である。直接被害額は主に人工資本への被害であるため、人工資本（2015年）との比率を計算することで（被害額÷人工資本）、新国富にどれだけの被害が出るかを見積もることが出来る。人工資本に占める割合の上位5位は、1位高知（81％）、2位和歌山（56％）、3位徳島（47％）、4位愛媛（43％）、5位三重（41％）である。高知や和歌山は大半の人工資本が失われ、日本全体では8％の人工資本が失われることになる。

　この人工資本に占める割合に基づき、どの程度のGRPが減少するかを予測する。これは、人工資本生産性が南海トラフ地震の前後で不変であると単純に仮定し、人工資本の減少割合に2015年のGRPを掛けた値である（直接被害額÷人工資本×GRP）。予想されるGRP損失額の上位5は、1位愛知(8.6兆円)、

表 5-8　南海トラフ地震の被害予測：直接被害額に基づく GRP 減少予想と、人的資本の損失・移動額

都道府県	直接被害額（億円）（元データ）	GRP減少額（予測、億円）	死者数（人）（元データ）	避難者数1日目	避難者数1週間目	人的資本の換算（億円） 死者（損失額）	人的資本の換算（億円） 避難1日目（移動額）	人的資本の換算（億円） 避難1週間目（移動額）
茨城	500	111	20	1,300	400	2	135	41
栃木	—	—	—	—	30	—	—	3
群馬	—	—	—	10	400	—	1	35
埼玉	2,000	592	—	4,300	7,100	—	454	750
千葉	6,000	1,526	1,600	58,000	7,900	37	1,343	183
東京	6,000	2,293	1,500	15,000	20,000	241	2,410	3,214
神奈川	7,000	2,028	2,900	77,000	40,000	309	8,208	4,264
新潟	—	—	—	—	10	—	—	1
富山	—	—	—	—	90	—	—	12
石川	200	44	—	400	600	—	34	51
福井	3,000	518	—	7,100	8,800	—	1,219	1,510
山梨	9,000	1,878	400	22,000	86,000	42	2,286	8,935
長野	5,000	1,059	50	8,900	27,000	7	1,167	3,541
岐阜	13,000	2,795	200	32,000	89,000	13	2,074	5,768
静岡	199,000	49,754	109,000	900,000	1,100,000	8,581	70,849	86,593
愛知	307,000	85,549	23,000	1,300,000	1,900,000	1,672	94,491	138,102
三重	169,000	34,035	43,000	560,000	690,000	5,596	72,882	89,801
滋賀	16,000	3,284	500	42,000	160,000	43	3,600	13,714
京都	45,000	12,625	900	190,000	340,000	56	11,786	21,091
大阪	240,000	68,554	7,700	1,200,000	1,500,000	762	118,683	148,353
兵庫	50,000	11,231	5,800	240,000	320,000	509	21,073	28,097
奈良	34,000	7,489	1,700	140,000	290,000	159	13,088	27,112
和歌山	99,000	19,640	80,000	450,000	460,000	11,045	62,130	63,511
鳥取	1,000	164	—	1,200	1,500	—	168	209
島根	1,000	169	—	1,100	1,800	—	211	345
岡山	32,000	7,154	1,200	100,000	250,000	130	10,830	27,075
広島	30,000	6,695	800	100,000	180,000	65	8,128	14,630
山口	7,000	1,283	200	23,000	26,000	38	4,369	4,939
徳島	70,000	14,356	31,000	360,000	370,000	4,835	56,144	57,703
香川	39,000	8,646	3,500	160,000	220,000	525	24,021	33,029
愛媛	109,000	20,900	12,000	400,000	540,000	1,452	48,415	65,360
高知	106,000	19,508	49,000	510,000	500,000	7,491	77,963	76,434
福岡	2,000	509	10	3,200	2,600	1	213	173
佐賀	100	17	—	90	300	—	—	34
長崎	1,000	197	80	18,000	1,900	6	1,427	151
熊本	4,000	796	20	12,000	22,000	1	683	1,253
大分	20,000	3,642	17,000	140,000	120,000	1,855	15,277	13,095
宮崎	48,000	9,455	42,000	310,000	350,000	2,439	18,000	20,323
鹿児島	7,000	1,406	1,200	32,000	29,000	125	3,327	3,015
沖縄	1,000	354	10	7,300	400	1	586	32
合計	16,888,800	427,397	436,290	7,425,900	9,662,830	48,036	757,686	962,484

注：直接被害額は朝日新聞デジタル（2015）より、人工資本は Managi（2019）より、GRP（県内総生産、名目値）は内閣府（2019）より、用いている。予想 GRP 減少額は、直接被害額÷人工資本×GRP で計算している。このため、この予想 GRP 減少額は、年間での最大損失額であり、年間の設備復旧率に応じて損失額も減少する。人口と人工資本は Managi（2019）より、南海トラフ地震（最悪の場合）による死者数、避難者数（1 日目と 1 週間目）は、朝日新聞デジタル（2015）と内閣府（2014、2015）より用いている。なお、死者数の単純合計は 43.6 万人であるが、死者数は最大でも 32.3 万人と想定されている。人的資本への換算は、被害者数÷人口×人的資本で計算している。

2位大阪（6.9兆円）、3位静岡（5兆円）、4位三重（3.4兆円）、5位愛媛（2.1兆円）である。日本全体では、被災後に人工資本が全く復旧出来ない場合、最大で年間42.7兆円のGDPが失われると予想される。なお、この値は最大の年間損失である。例えば、すぐに復旧し資本が回復した場合、GDPの損失は少なくなると予想されるので、この42.7兆円に年間の設備損傷率（0〜100％）を掛けることで、より現実に即した年間GDP損失額を計算できるだろう。

（2）南海トラフ地震の被害：人的資本

　次に、人的資本の被害を推計する（**表5-8右側**）。まず各都道府県の最大想定の死者数はのべ43.6万人である（この値は全国の予想32.3万人とは一致しない）。死者は30の都道府県で発生すると想定されており、予想死者数上位5位は、1位静岡（10.9万人）、2位和歌山（8万人）、3位高知（4.9万人）、4位三重（4.3万人）、5位宮崎（4.2万人）である。避難者は1日目でのべ743万人、1週間目で966万人である。1日目の避難者は37都道府県で発生すると予想され、上位5位は、1位愛知（130万人）、2位大阪（120万人）、3位静岡（90万人）、4位三重（56万人）、5位高知（51万人）である。1週間目の避難者は40都道府県で発生すると予想され、上位5位は、1位愛知（190万人）、2位大阪（150万人）、3位静岡（110万人）、4位三重（69万人）、5位愛媛（54万人）である。

　ここで、どれだけ人的資本が減少するかを推計したい。まず死亡の場合、死者数分の人的資本が失われることになる。被害を受けやすいのは幼児や高齢者など身体的弱者の可能性が高いが、ここでは単純化のため、平均的な人的資本を持つ人が亡くなると仮定する。この仮定に基づき、まず「死者数÷人口」で亡くなる人口の割合を計算し、次にこの割合に人的資本の値を掛けることで失われる人的資本を計算する（死者数÷人口×人的資本）。なお、人的資本はManagi（2019）より2015年の値を用いる。

　死者（43.6万人）による人的資本の予想損失額は、総額4.8兆円である（人

147

的資本の0.4%に当たる）。上位5位は、1位和歌山（1.1兆円）、2位静岡（8.5千億円）、3位高知（7.5千億円）、4位三重（5.6千億円）、5位徳島（4.8千億円）である。

　次に避難の場合、死亡と異なり人的資本自体は失われない。ただし、避難中は教育活動や仕事に従事することが難しくなることから、人的資本が付加価値を生み出すのは難しくなるだろう。ここで重要なのは、避難は通常移動が伴うので、人的資本が移動することになる。最悪の場合、避難者はすべて他の都道府県に避難する。今回はこの最悪の場合に人的資本がどれだけ移動するか、その額を計算したい。これは、各都道府県がどれだけ災害リスクを抱えているかを示している。なお避難の場合も、すぐ避難できる人の人的資本には何らかの偏りが見られる可能性がある。例えば、所得が高い人ほど迅速な避難が可能であり、社会的弱者ほど災害が起きても避難できない可能性がある。しかしここでも単純化のため、避難する人は、平均的な人的資本を持つ人と仮定する。この仮定に基づき、まず「避難者数÷人口」で避難する人口の割合を計算し、この割合に人的資本の値を掛けることで、最大の人的資本移動額を計算する（避難者数÷人口×人的資本）。

　地震発生1日目の避難による人的資本の移動額は、のべ75.8兆円である（日本全体の人的資本の5.9%）。1日目の上位5位は、1位大阪（11.9兆円）、2位愛知（9.4兆円）、3位高知（7.8兆円）、4位三重（7.3兆円）、5位静岡（7.1兆円）である。同様にして、地震発生1週間目の避難による人的資本の移動額は、のべ96.2兆円である（日本全体の人的資本の7.5%）。1週間目の上位5位は、1位大阪（14.8兆円）、2位愛知（13.8兆円）、3位三重（9兆円）、4位静岡（8.7兆円）、5位高知（7.6兆円）である。

7　社会的レジリエンス強化に向けて―課題と展望―

　本章における社会的レジリエンスの強化は、（一人当たり）新国富の増加と定義する。これは、例えGDPが増加しなくても、新国富が増加する限り、

持続可能性が高まるという考え方による。災害のような外的ショックが起きた場合、資本が毀損しやすいため、新国富が大きい地域のほうが、復旧しやすいと言える。なお、留意点として、レジリエンスと生産性は相反する可能性が高い。前述通り生産性は、付加価値÷生産要素で表されるため、生産要素が少ないほど生産性が向上しやすい。生産要素を少なくするとは、予備や余剰を省くことである。一方で、レジリエンスの考え方ではこうした予備や余剰が重要であり、万一の外的ショックに役立てることができる。

　日本の場合、前述通り、新国富の総額は新国富5位（2014年時点）と世界上位である。一方で、一人当たり新国富（39位）や生産性は世界的にそれほど高いわけではない。従って、新国富総額は世界上位を維持しつつも、一人当たり指標や生産性を上昇させることが日本の課題となる。

　日本で新国富の観点から社会的レジリエンスを強化するには、国内投資が重要である。社会づくりとしては、人工資本と自然資本への投資と適切な利用が必要である。まず、人工資本への投資（建物、設備）は、直接レジリエンスを強化する。近年国内製造メーカーの間で、海外進出した工場を、地政学的リスクや途上国の賃金上昇などにより国内へ工場を移転する現象が見られているが、こうした国内回帰現象は、人工資本を増加させることになる。次に、自然資本への投資であるが、枯渇性資源は海洋資源等で開発が成功しない限り今後も少ない可能性が高いので、非枯渇性資源への政策が中心となるだろう。非枯渇性資源に関しては、農産物や魚、木材の価格を上げ、間接的に農地、漁業資源、山林の価値を高めるような施策は効果がある可能性が高い。例えば、有機栽培やブランド化など付加価値を加えることで、価値を高める施策が重要になるだろう。そして、こうした資源の有効利用も重要である。なお、留意点として、保護貿易政策で輸入財に高い関税や非関税障壁を課すことで自国の自然資本の価値が上昇するかもしれないが、一方で国内依存度が増すことで国内の自然資本がより多く消費される可能性もある。

　日本での社会的レジリエンス強化に向けた人づくりとしては、人的資本（健康と教育）への投資が重要となる。健康の政策については、2019年度一般関

係予算の社会保障費は34兆円と歳出の3分の1を占め、医療費の増加が財政上の問題となっている。しかし本章の考え方では、こうした医療費の増加は人的資本の増加に寄与している可能性が高いので、もし医療費を削減する場合には持続可能で効率的な分配が求められる（ただし、医療費をどのように使うのが持続可能で効率的かというのは難しい問題である）。一方、教育の政策については、高校教育無償化や大学の学部進学率の上昇は人的資本の増加に寄与しているだろう。従って、大学や大学院への進学率を高め、高度専門職や高度人材（そしてシルバー人材）の雇用を増加させ、（教育の）市場価値を増やすような施策も有効だろう。

　なお途上国や他国の場合でも、基本的には日本と同様に国内投資をいかに喚起するかが重要になるだろう。人工資本に対しては、自国や外国からの投資を増やすことが需要である。人的資本に関しては、医療と教育を充実させ、人の市場価値（人件費）を高めるような政策が重要となる。自然資本に関しては、枯渇性資源の利用から脱却し、非枯渇性資源の価値を上げ投資を促すような、産業の転換が求められるだろう。

8　おわりに

　本章では、新国富について概要を説明し、新国富の3つの資本、人工資本、人的資本、自然資本の推計値に基づき、日本を中心に分析を行った。分析内容としては、新国富の総額、一人当たり指標、生産性（付加価値÷新国富）という3つの指標を紹介した。具体的な分析内容としては、全世界の1990年と2014年の比較（3節）、日本の新国富（3節）、日本とG7の比較（4節）、都道府県別の新国富（5節）、南海トラフ地震による被害との関連性（6節）を検証した。

　結果を簡単にまとめると次のようになる。新国富は2014年の140か国で合計1,216兆ドルであり、これは年間GDPの約21倍である。従来の開発指標である一人当たりGDPは1990年から2014年にかけて、140か国中128か国で増

加し、一見順調に経済が成長しているように見受けられる。しかし、新たな持続可能性指標である一人当たり新国富では、89か国でしか増加がみられず、多くの国では持続可能な開発が行われたとは言い難い。日本では、同期間に一人当たりGDPは31.2千ドル（10位）から、37.6千ドル（19位）に順位を落としたが、一人当たり新国富は、212千ドル（45位）から284千ドル（39位）に順位を上げている。従って、SDGsの観点からすると、相対的に持続可能性が向上していることが示される。

G7との比較では、日本は人的資本生産性（＝労働生産性）もG7中6位と下位である一方で、人工資本生産性も最下位であるという結果が見られた。このことから、日本の競争力が低いとされる問題は、労働だけでなく、むしろ設備や建物といった通常の資本（設備効率や投資効率）にも問題があるのではないかと推測される。一方で、自然資本生産性はイギリスに次いでG7中2位であった。

都道府県別の分析では、一人当たり新国富が大きいのは、1位島根、2位山口、3位福井である。これらの都道府県は直感に反するかもしれないが、特徴としては港湾がある、発電所がある、公共事業の規模が大きい、工場が多いことなどが可能性として挙げられる。

また、南海トラフの分析では、最悪の場合で人工資本（計2159.6兆円）の8％が消失する。人的資本（計1,289.9兆円）は、死者（のべ43.6万人）により0.4％が失われ、1日目で5.9％が避難、1週間目では7.5％が避難することになる。

今後の新国富の研究課題としては、次のようなことが考えられる。まず新国富は、未完成の指標であり、今後も大規模な改定が続くであろう（2節参照）。具体的に、人的資本については、教育と健康における影の価格の推計方法と、教育と健康以外の人的資本の考慮が課題となるだろう。自然資本については、現在考慮されている5つ以外に何を追加すべきかの検討が必要となる。

応用面では、新国富の計測は本節で示した通り都道府県レベルなどに細分

可能である。従って、市区町村の持続可能性評価に用いることができる。将来的には、地理情報システム（Geographic Information System）と連動して、地域メッシュ（地図上で対象地域を1kmなどの四角形で区切る）単位で新国富の計測ができるようになると予想される。このときに考えたいのは、新国富の空間的、地理的、時間的推移（割引率）である。新国富は資本であるが、一部の資本は移動させることが可能である。またストック指標であるので、時間的な影響も受ける。例えば、政策上で新国富を考える際は、新国富をいかに配置するのか、割引率をどのように考えるかといったことも重要であろう。

　経済政策上の注意点としては、新国富と生産性をどのように考えるかが重要になるだろう。新国富の大きさは、GDPよりもSDGsの達成目標と整合的である。例えば、災害面では、新国富の大きさはレジリエンスの大きさに繋がりやすい。一方で、生産性の観点からすると、新国富は付加価値を生み出す生産要素でもある。従って、生産性を高めるには、新国富を相対的に少なくするか、新国富当たりの付加価値を増やすような施策が求められる。新国富を減らすというのはSDGsや厚生に反するため、新国富を減らさずにいかに付加価値を上げるかが重点となる。

　具体的には、人工資本生産性を上げるには、設備や建物への投資効率をいかに上げるかが重要である。人的資本生産性を上げるには、教育当たりの付加価値や寿命当たりの付加価値を増やす必要がある。従って、教育年数当たりの質や、人々の寿命を延ばしつつ、さらに高齢者でも付加価値を生み出すものに従事することが必要となる。最後に自然資本生産性を上げるには、森林、漁業、鉱物の資源価値（ブランド価値）を高める工夫や、農地からいかに付加価値を生み出すかの工夫（耕作放棄地を減少させる）などの工夫が重要となる。また、日本はエネルギー輸入国でもあるので、再生可能エネルギーの普及率を増やすことでも、原油依存度が減り、相対的に自然資本生産性が向上することになる。このように、新国富と生産性のバランスをいかにとるかが、本章で考える経済政策上の課題である。

参考文献

Arrow, K. J., P. Dasgupta, L. H. Goulder, K. J. Mumford, and K. Oleson.（2012）Sustainability and the measurement of wealth, *Environment and Development Economics*, Vol.17, No.3, pp.317-353. doi: 10.1017/S1355770X12000137

Dasgupta, P., A. Duraiappah, S. Managi, E. Barbier, R. Collins, B. Fraumeni, H. Gundimeda, G. Liu, and K.J. Mumford.（2015）How to measure sustainable progress, *Science*, Vol.350, No.6262, p.748. doi: 10.1126/science.350.6262.748

Färe, R., S. Grosskopf, D. W. Noh, and W. Weber.（2005）Characteristics of a polluting technology: Theory and practice, *Journal of Econometrics*, Vol.126, No.2, pp.469-492. doi: 10.1016/j.jeconom.2004.05.010

Jorgenson, D., and B.M. Fraumeni.（1992）The Output of the education Sector, in Griliches, Z., eds., *Output Measurement in the Services Sector*, pp.303-338, Chicago: University of Chicago Press.〈https://www.nber.org/chapters/c7238〉

King, R.G., and R. Levine.（1994）Capital fundamentalism, economic development, and economic growth, *Carnegie-Rochester Conference Series on Public Policy*, Vol.40, pp.259-292. doi: 10.1016/0167-2231（94）90011-6

Managi, S. and P. Kumar, eds.（2018）*Inclusive Wealth Report 2018*, London: Routledge. doi: 10.4324/9781351002080

Managi, S., eds.（2019）*Wealth, Inclusive Growth and Sustainability*, Routledge, New York, USA.〈https://www.crcpress.com/9780367002367〉

Tamaki, T., K.J. Shin, H. Nakamura, H. Fujii, and S. Managi.（2018）Shadow prices and production inefficiency of mineral resources, *Economic Analysis and Policy*, Vol.57, pp.111-121. doi:10.1016/j.eap.2017.03.005

United Nations.（2015）Transforming our world: the 2030 Agenda for Sustainable Development（外務省訳「我々の世界を変革する：持続可能な開発のための2030アジェンダ」）〈http://www.un.org/ga/search/view_doc.asp?symbol=A/70/L.1〉〈https://www.mofa.go.jp/mofaj/files/000101402.pdf〉

UNEP（2018）Executive Summary: Inclusive Wealth Report 2018.〈https://www.unenvironment.org/resources/report/inclusive-wealth-report-2018〉

UNU-IHDP, and UNEP.（2012）*Inclusive Wealth Report 2012*: Measuring progress toward sustainability. Cambridge: Cambridge University Press.〈http://www.ihdp.unu.edu/publications/?id=451〉

UNU-IHDP, and UNEP.（2014）*Inclusive Wealth Report 2014: Measuring progress toward sustainability*. Cambridge: Cambridge University Press. https://www.unenvironment.org/resources/report/inclusive-wealth-report

朝日新聞デジタル（2015）「南海トラフ地震の被害想定」、朝日新聞社〈http://www.asahi.com/special/nankai_trough/〉

内閣府（2005）「推計の概要」『民間企業資本ストック確報：平成15年度確報値（平

成 7 年基準：93SNA）（昭和55～平成15年度）（平成17年 2 月25日）』〈https://
www.esri.cao.go.jp/jp/sna/data/data_list/minkan/files/files_minkan.html〉

内閣府（2007）「「SNA推計手法解説書（2007年改訂版）」の公表について」〈https://
www.esri.cao.go.jp/jp/sna/data/reference1/h12/sna_kaisetsu.html〉

内閣府（2014）「南海トラフ巨大地震対策検討ワーキンググループ（第一次報告）（平
成24年 8 月29日発表）」。〈http://www.bousai.go.jp/jishin/nankai/nankaitrough_
info.html〉

内閣府（2015）「南海トラフ巨大地震の被害想定（第二次報告）について（平成25
年 3 月18日発表）」〈http://www.bousai.go.jp/jishin/nankai/nankaitrough_info.
html〉

内閣府（2019）「県民経済計算（平成18年度-平成27年度）（2008SNA、平成23年基
準 計 数 ）」〈https://www.esri.cao.go.jp/jp/sna/data/data_list/kenmin/files/
contents/main_h27.html〉

日本生産性本部（2018）『労働生産性の国際比較2018年度版』〈https://www.jpc-
net.jp/intl_comparison/〉

文化庁（2019）「国宝・重要文化財都道府県別指定件数一覧（平成31年 2 月 1 日現在）」
〈http://www.bunka.go.jp/seisaku/bunkazai/shokai/pdf/r1392247_01.pdf〉

おわりに
―ESDを通した人・コミュニティ・社会の能力開発―

　「持続可能な開発のための教育（ESD）」とは、古くて新しい教育のアプローチである。社会にある問題を自ら発見し、なぜそうした問題が起こっているかを理解し、そこにどのような働きかけをすることで解決を導けるのかを、子どもたち自身が主体的に考える教授・学習のプロセスを、ESDでは非常に重視している。こうした学習を実際に行うためには、座学で教科書を通した学びをしているだけでは不十分であり、自ら積極的に調べたり、他の子どもたち（さらには大人も含めて）と議論したり、そこでわかったことをさまざまな形で表現していく、という参加・体験型の学びを取り入れていくことが欠かせない。そのような学びのスタイルは、日本の学校でもさまざまな形で実践されてきたという意味では「古く」からある教育実践であると言える。しかしながら、そうした教育実践を行うにあたり、「持続可能な社会」のあり方を考え、それを妨げるような社会的課題に対して目を向けることを促すというアプローチは「新しい」ものである。

　そうした教育を通して、どのような資質や能力を育むことが求められているのであろうか。それは、2020年度から順次導入されていく新しい学習指導要領で示されている資質・能力と、多くの共通性をもっていることを指摘したい。新学習指導要領では、「何を知っているか、何ができるか（個別の知識・技能）」「知っていること・できることをどう使うか（思考力・判断力・表現力等）」「どのように社会・世界と関わり、よりよい人生を送るか（学びに向かう力、人間性等）」という資質・能力に関する3つの柱を打ち出している。そして、これらの資質・能力を育むうえで、「主体的・対話的で深い学び」を実現していくことが不可欠であると強調している。このような資

質・能力が、まさにESDを通して育むことが目指されており、そのための学びのあり方（＝主体的・対話的で深い学び）こそが、ESDで実践されるべき学びでもある。

　ESDにしても、新学習指導要領にしても、その根底には、これからの時代には体系化された知識やスキルを子どもたちに伝達し、それらを身につけさせるだけでは十分とは言えないという考え方がある。すなわち、急速に変化する時代の中では、学校で身につけた知識やスキルはすぐに古くなってしまうため、人生を通して学び続け、知識やスキルを自分でアップデートし続ける能力を身につけることが不可欠となる。それは、「学び方」を学ぶ、と言い換えることもできるだろう。

　加えて、世の中には必ずしも一つの正解があるのではなく、複数の解が存在していたり、場合によっては「正解」など誰にもわからないといった状況もあり得る。そうしたときに、自らが「正しい」という判断をどのように下していくことができるのか。これからの学びには、そういった判断をできるような資質・能力を育むことが求められている。そのためには、社会における倫理や正義、道徳などの価値観について理解を深め、そうした価値観にもとづきながら社会的により「公正」であると考えられる判断を下していく態度や姿勢が必要になってくる。繰り返しになるが、そうした判断を下す際に、必ずしも一つの「正解」があるわけではないことは、言うまでもない。

　このように考えてくると、ESDを実践するというのは、とても大変なことに思えるかもしれない。しかし、最初に述べたように、ESDは古くて新しい教育のアプローチである。実は、学校教育の中で、これまでにもこういった資質や能力を育むための取り組みが積み重ねられてきたはずである。ただし、そうした教育実践を積み重ねる中で、ESDには「持続可能性」という一本の大きな軸があることを強調したい。この世界が持続可能なものであるには、環境、経済、社会・文化という３つの領域を横断的に繋げながら考えていくことが必要であり、そこに上述の「公正」という価値観を柱としてもっていくことが求められている。そのようなことを意識して教育実践に取り組むと

いう意味では、やはり「新しい」教育のアプローチと言えるのであろう。

ESDを推進することは、多くの先生方にとって、そして、多くの学校にとって、大きな挑戦かもしれない。しかし、先が見通せず、急速に変化していくこれからの時代を子どもたちが生き抜いていき、それぞれの能力を十分に発揮していくことを可能にするような資質・能力を育むためには、とても重要な取り組みであると考える。同じようなビジョンをもった新学習指導要領も導入されていく中で、ESDの意義を認め、その推進を図っていくことに、多くの人々が積極的に取り組んでいくことを期待したい。

それと同時に、ESDを推進するためには、学校だけではなく、地域コミュニティの中で多様なアクターが強調することが欠かせない。SDGsを実現するうえで必要なことは、一人一人の個人がその能力を十分に発揮できるようになることだが、そのためには私たちが生活しているコミュニティの中に、そうした個人の能力を発揮できるような環境が整備されることも必要である。さらには、いくつものコミュニティが結びつきあって構成されている社会全体が変容していくことも求められている。それを、コミュニティや社会の「能力（capacity）」開発として捉えることが必要だと考える。

本書の各章は、SDGs時代において個人や社会のレジリエンスを高めるためにESDが重要な意味をもつと考え、さまざまな観点から論じている。2015年にSDGsが採択されてから、これまで国内でも多様な議論が積み重ねられてきているが、本書で提示した議論はそうした議論を踏まえつつも、多くの議論とは一線を画した角度から論じたものであると自負している。読者の皆さまは、本書の議論をどのように受けとめてくださっただろうか。まだまだ十分に論じ尽くせていない面も多々あるだろうし、読者諸賢からのご叱正を真摯に受けとめつつ、著者一同、これからもそれぞれの研究を積み重ねていきたい。それと同時に、読者各自が、持続可能な社会を創り上げていくために何が課題であり、どのような取り組みが必要であるのかといったことを考えるうえでの手がかりを、本書の議論の中から見つけてくださったのであれば幸いである。

本書を皮切りに、編者たちが立ち上げた「ESDと社会的レジリエンス研究会」での議論をベースにしながら、これから叢書としてさまざまな議論を世に問うていくつもりである。その際、これから持続可能な社会を実現していくための原動力となる若手研究者たちによる、自由闊達な議論を積極的に送り出していきたい。ぜひ、読者の皆さまにも、これから展開される議論を楽しみにしていただきたい。また、書籍の出版に加えて、関連したテーマでのワークショップなどの開催も編者たちの中で計画しているため、そうした場にも足をお運びいただき、実際の議論にも参加していただけることを期待している。

　私たち学術の分野に携わる者にとっての重要な責務の一つが、新しいモノの見方や考え方を世の中に提示し、それに触発された人々との知的交流を積み重ねることで、さらなる新しい見方や考え方を産み出していくことだと考える。その意味で、この叢書が、そうしたダイナミックな知的交流のフォーラムの核となっていくことを目指している。これから、この叢書を通して多くの方と出会えることを楽しみにしながら、本書の結びとしたい。

　2020年2月

　　　　　　　　　　　　　　　　　　　　　　編者を代表して　北村 友人

執筆者紹介

第1章
興津 妙子 ［おきつ　たえこ］
大妻女子大学文学部コミュニケーション文化学科・准教授。博士（教育学）
国連児童基金、外務省経済協力局等を経て、現職。比較教育学、国際教育開発論。
ESDの指標開発やアフリカ地域の教育開発研究に従事。

第3章
米原 あき ［よねはら　あき］
東洋大学社会学部・大学院社会学研究科・教授。Ph.D.
ESDをはじめ「人間開発（human development）」に関わる、国内外の政策やプロジェクトの評価に関する研究および実践に従事。

第4章1・2・5
稲葉 美由紀 ［いなば　みゆき］
九州大学基幹教育院・共創学部・教授。Ph.D.（ソーシャルワーク）
社会開発、地域ベースの貧困予防、エイジング、エンパワーメント、BHNの充足と社会的連帯経済の研究・実践に従事。

第4章3・5
西垣 千春 ［にしがき　ちはる］
神戸学院大学総合リハビリテーション学部・教授。博士（医学）
生活困窮予防のためのアクションリサーチに従事。

第4章4
川本 健太郎 ［かわもと　けんたろう］
神戸学院大学総合リハビリテーション学部・准教授。社会福祉学修士
障害者の労働による社会参加、社会起業、NPOや企業との協働活動に関わる実践開発及び研究に従事。

第5章
八木 迪幸 ［やぎ　みちゆき］
信州大学経法学部・講師。博士（環境科学）
環境経済学、環境経営学。企業の環境パフォーマンスと財務評価の分析、企業の社会的責任、環境にやさしい交通の研究に従事。

編著者紹介

はじめに・第2章

佐藤 真久 [さとう まさひさ]

東京都市大学大学院環境情報学研究科・教授。筑波大学第二学群卒業。筑波大学大学院環境科学研究科修士修了。英国サルフォード大学大学院博士課程修了。地球環境戦略研究機関（IGES）、ユネスコアジア文化センター（ACCU）を経て、現職。協働ガバナンス、社会的学習、中間支援機能などの地域マネジメント、組織論、学習・教育論の連関に関する研究に取り組んでいる。

第1章・おわりに

北村 友人 [きたむら ゆうと]

東京大学大学院教育学研究科・准教授。慶應義塾大学文学部教育学専攻卒業。カリフォルニア大学ロサンゼルス校教育学大学院修士課程・博士課程修了。国連教育科学文化機関、名古屋大学、上智大学を経て、現職。比較教育学、国際教育開発論。グローバル市民形成の視点からESDの可能性について研究に取り組んでいる。

第5章

馬奈木 俊介 [まなぎ しゅんすけ]

九州大学主幹教授、工学研究院教授・都市研究センター長。九州大学大学院工学研究院修士卒業。ロードアイランド大学大学院博士修了。サウスカロライナ大学、横浜国立大学、東北大学を経て、現職。都市工学、経済学。技術を社会で応用して評価する研究に取り組んでいる。

SDGs時代のESDと社会的レジリエンス研究叢書 ①

SDGs時代のESDと社会的レジリエンス

2020年4月5日　第1版第1刷発行

編著者　佐藤 真久・北村 友人・馬奈木 俊介
発行者　鶴見 治彦
発行所　筑波書房
　　　　東京都新宿区神楽坂2－19 銀鈴会館
　　　　〒162－0825
　　　　電話03（3267）8599
　　　　郵便振替00150－3－39715
　　　　http://www.tsukuba-shobo.co.jp
定価はカバーに示してあります

印刷／製本　平河工業社
©2020 Printed in Japan
ISBN978-4-8119-0571-6 C3037